U0739764

做个
沟通高手
并不难

陈侃/编著

应急管理出版社
·北 京·

图书在版编目（CIP）数据

做个沟通高手并不难/陈侃编著 . – – 北京：应急管理
出版社，2019

ISBN 978 – 7 – 5020 – 7714 – 3

Ⅰ.①做… Ⅱ.①陈… Ⅲ.①心理交往—语言艺术—
通俗读物 Ⅳ.①C912.13 – 49

中国版本图书馆 CIP 数据核字（2019）第 217069 号

做个沟通高手并不难

编　　著	陈　侃
责任编辑	陈棣芳
封面设计	于　芳

出版发行　应急管理出版社（北京市朝阳区芍药居 35 号　　100029）
电　　话　010 – 84657898（总编室）　010 – 84657880（读者服务部）
网　　址　www. cciph. com. cn
印　　刷　三河市宏顺兴印务有限公司
经　　销　全国新华书店

开　　本　880mm×1230mm$^1/_{32}$　印张　6　字数　151 千字
版　　次　2020 年 1 月第 1 版　2020 年 1 月第 1 次印刷
社内编号　20180722　　　　　　　　定价　32.80 元

前 言 Preface

　　沟通存在于我们每个人的生活中，是增进情谊、解决问题不可或缺的方式。在工作中，沟通有助于我们建立和谐的工作关系；在生活中，沟通有利于我们发展亲密的朋友情谊；在家庭中，沟通有益于我们营造融洽的家庭氛围。

　　松下幸之助说过："过去是沟通，现在是沟通，未来还是沟通。"这足以说明，沟通伴随人类活动的始终，我们对于沟通的学习，永无止境。

　　如果你学识渊博，却因不善言辞而致无人赏识；如果你工作出色，却总是得不到领导的认可和提拔；如果你面对客户一让再让，而对方始终不满意；如果你一心为家，却得不到家人的理解……那么朋友，你是否想过，这些都是你在沟通上的失败？

　　遇到问题及时进行沟通，我们的生活就会少一些烦恼；沟通时多一些诚意和谅解，在给他人带来快乐的同时，我们自己也会得到满足。不同的人对同种事物常常存在着不同的观点和看法，这就导致了人际交往中矛盾和误会产生的可能。每当人与人之间产生矛盾和误会的时候，愚蠢的人往往会挥舞着自己冲动的"拳头"，让对方强行接受自己的观点和看法，结果适得其反，对方或者慑于他的"淫威"而表面屈服，或者挺身而起与其正面冲突；聪明的人通常会比较理智地面对，用沟通来化解彼此的分歧，用沟通来实现彼此的认同。

沟通作为一种行为，也存在自身的方式与技巧。善于沟通的人有着良好的沟通方式和诸多沟通技巧。本书将帮助读者充分认识并克服自己沟通上的弱点，掌握良好的沟通方式和更多的沟通技巧，进而成为一个具有影响力的沟通高手。

陈 侃

2019年9月

目　录 Contents

第一章　人际交往离不开沟通

在现实生活之中，每个人都不可避免地要与他人进行交往，而正常交往也就离不开顺畅的沟通。善于沟通的人，会拥有较好的人际关系，具备较强的做事能力，获得更多的成功机遇。

◆ 尊重对方，沟通更顺畅

沟通案例

著名播音员李瑞英在参加高考面试前的故事中给我们树立了一个尊重他人的榜样。

1979年的夏天，高考前，北京广播学院提前面试招生。初试那天，李瑞英找了篇短文临时抱佛脚。在校门口，她遇见一位白发苍苍的老人，从穿着上看，大爷可能是个看门的。

李瑞英心想，即使是个看门的，耳濡目染也差不到哪去，何不请他帮忙听一听自己的发音。老人家见李瑞英又礼貌又诚恳，不但没有拒绝，居然还帮助她纠正了几处发音。末了，老人家笑着对她说："还不错，十有八九能考上，但还需加把劲。"

李瑞英万万没想到，进了考场，主考官的位置上坐着的竟然是自己误认为"看门大爷"的那位老人。后来，李瑞英知道了那老人就是播音界的权威张颂教授。没有太多心理压力的李瑞英轻松回答，沉着应对，终以优异的成绩叩开了播音专业高等学府的大门。

尊重他人，是中华民族的传统美德。尊重他人不是同情、怜悯，更不是赏赐，尊重他人就等于尊重自己。尊重不是单向的，而是相互的。夫妻在朝夕相处中学会尊重对方，才能使爱天长地久；同事之间在工作中学会尊重对方，才能使友谊之树常青；邻里在相互谅解中尊重对方，才能和睦相处；上级长辈在批评中学会尊重对方，才能使其认识错误，不断成长进步。

在现代企业大力倡导"以人为本"企业文化的大背景下，尊重员工就成为企业领导者必备的一项基本素质。企业领导者无论是在上司还是在下属面前，都要保持谦逊和礼貌的态度。把自己的位置看得很重，对下属颐指气使、呼来唤去的人，只能引起下属的反感和厌恶。你想让下属怎样对待你，就要怎样对待下属；要想赢得下属的尊重，就应该首先尊重下属。领导者要将尊重员工看作是提升自身形象，满足员工需求，提升企业整体凝聚力和竞争力的重要途径。多用一些敬语不仅不会降低你的威信，反而会提升你的亲和力和人格魅力。比如，"小李，请你来我办公室一下"和"小王，过来一趟"，多一个"请"字感觉会大不相同。

一个商人看到一个衣衫褴褛的铅笔推销员，出于怜悯，他塞给那人一元钱。不一会儿，商人返回来，又取了几支铅笔，并抱歉地解释自己忘取笔了。临走前，商人又说："你跟我都是商人，因为你也有东西要卖。"几个月后，他们再次相遇，那卖笔的人已成为推销商，充满感激地对商人说："谢谢您！您给了我自尊。是您告诉了我，我是个商人。"

给需要帮助的人一些力所能及的帮助，很多人都可以做得到，可是能在帮助他人的同时考虑到他的自尊，却未见得人人都能做得到。在这一点上，那位商人的确令人敬佩，因为他懂得尊重他人。尊重他人能使他人拥有自尊和自信。商人的几句话让铅笔推销员从"乞丐"的自卑中解脱出来，自信地踏上经商之路。

人格是个人最神圣的领地。人皆希望被注意、被尊重。你尊重了他，他会觉得自己的生命不再仅属于自己，也属于你。为什么有时候我们感到与一些残疾人不容易沟通，因为他们在人际交往中常常得不到尊重，渐渐封闭了自己。一旦你尊重他，以平等的身份待他，他会热泪盈眶，敞开心扉。

一次在大街上，一个行乞的老人拦住了福楼拜，请求施舍。福楼拜一摸口袋，发现身上没带钱，于是对老人说："兄弟，很抱歉，今天没有带钱出来。"一句话，老人热泪盈眶，喃喃道："啊，不，先生，您给了我比金钱更珍贵的东西。上帝保佑您！"

齐国大旱，民不聊生。一个人在路口置锅施粥。这时，来了一个衣衫褴褛、面黄肌瘦的汉子。施粥人大喊道："喂，过来喝粥！"汉子却始终理也没理他，最后饿死在了路旁。本来施粥人心地善良，施粥于路口，不失为善举。因为一句话，不太注重人尊严的话，而令那位自尊心强的逃荒者不食嗟来之食，宁愿饿死。

很多人把握不准尊重的尺度，失去自我，令自己陷入自卑状态中。其实，尊重是相互的。千万不要把自己打扮成救世主的样子。没有谁比谁高贵，也没有谁比谁卑下，大家都是平等的。为人处世，要做到不亢不卑。

尊重的态度都会被反弹回到自己身上。当你想到别人的时候，一定要向积极正面的方向思考，不断地设法让别人觉得他自己很重要。这样，你也会获得他人的尊重。

沟通处方

你真诚地面对与自己进行沟通的人，尊重对方，对方也会真诚地对待你，尊重你，这样你们之间沟通起来就会很顺畅。

◆ 不要刺伤别人的自尊

沟通案例

一位小姑娘费尽周折才在一家高级珠宝店找到一份销售员的工作。小姑娘知道这份工作来之不易，因此工作非常努力。

一天晚上，在珠宝店快要关门的时候，来了一位穿着破旧的男子。男子满脸哀愁，用一种渴慕的目光盯着柜台里琳琅满目的珠宝。

小姑娘正在整理着一批珠宝。就在这个时候，旁边的电话铃响了。着急接电话的小姑娘不小心把正在整理的珠宝盒子打翻了，6枚精美绝伦的钻石戒指落到了地上。小姑娘看到这一突发情况，赶快走出柜台在地上寻找那掉下来的6枚戒指。

小姑娘找来找去只找到了5枚，剩下的那一枚，无论如何也找不到了。小姑娘急得满头大汗。突然，她看到那个穿着破旧的男子正向门口走去。小姑娘忽然明白了，肯定是他顺手牵羊拿走了。

就在那个男子的双手触及门柄的时候，小姑娘追了上来，心平气和地说道："先生，对不起，打扰一下。"

"什么事？是叫我吗？"男子脸上有一些不安的情绪。

小姑娘稍微整理一下思绪，几乎是用央求的口气说："先生，这是我好不容易才找到的一份工作。现在找个工作很难，想必您也深有体会，是不是？"

男子的脸上掠过了一丝笑意，随后满脸通红，非常抱歉地说："是的，确实如此，但是我能肯定，你在这里会干得不错。我可以为你祝福吗？"男子说完这席话之后，把手伸向了姑娘。

"谢谢您的祝福。您是个好人，我也祝福您。"姑娘说着，也伸出了手。两只手紧紧地握在了一起。

之后，男子转身离开了珠宝店。姑娘看着男子离开之后，把手中握着的第6枚戒指放回了原处。

与人沟通，首先要做到的就是尊重对方，使对方有一种自尊感和自重感，这一点对于我们和别人愉快地交谈、融洽地相处有着至关重要的作用。其实，别人的这种自尊感和自重感就是我们平时所说的"颜面"。

保全别人的颜面显然是很重要的。在现实生活中，这个问题似乎没有引起我们的注意。我们更乐于直接指出别人的错误，采用一种践踏他人情感、刺伤别人自尊的方法，来满足自己的虚荣和自尊。我们往往很少考虑别人的面子，更喜欢挑剔、摆架子或是在别人面前指责第三方，而不是认真考虑几分钟，说出几句关心他们的话。

事实上，如果我们能够设身处地地为别人想想，然后发自内心地关心别人，那么情景就不会尴尬了。

谢里尔刚上班，电话铃就响了。谢里尔拿起听筒，听到的是一个焦躁愤怒的声音，对方拒绝收货，原因是木材检验员报告有55%不合格。

谢里尔马上乘车到对方工厂去，基本上能猜到问题的所在。要是在以前，谢里尔会决定到了那里，马上拿出"材积表"，翻开《木材等级规格国家标准》，引经据典地指责对方检验员的错误，斩钉截铁地断定所供应的木材是合格的。

可是这一次，谢里尔刚刚参加了卡耐基培训班，学了许多卡耐基处理人际关系的原则，他决心学以致用，既不伤客户的面子，又使问题得到妥善合理的解决。

供应科科长板着面孔，木材检验员满脸愠色，没有一个好脸色面对到来的谢里尔。

谢里尔见到他们，笑了笑，根本不提木材质量问题，只是说："让我们去看看吧。"

他们闷不出声地走到卸货卡车旁边。谢里尔请检验员把不合格的木材一一挑选出来，摆在另一边。

谢里尔看检验员挑选了一会儿，发现他的猜测没有错，检验员检验得太严格了，而且他把检验杂木的标准用于检验白松。

在当地，谢里尔检验木材还算一把好手。但是，他没有对这位检验员进行任何指责，只是轻言细语地询问检验员木材不合格的理由。谢里尔一点也没暗示他检验错了，只是反复强调是向他请教，希望今后送货时，能完全满足他们工厂的质量要求。

由于谢里尔和颜悦色，以一种非常友好的合作态度虚心求教，检验员慢慢高兴起来，双方剑拔弩张的气氛缓和了。检验员坦率地承认，他对检验白松的经验不多，并反过来问谢里尔一些技术问题。

谢里尔这时才谦虚地解释，运来的白松木材为什么全部都符合要求。谢里尔一边解释，一边反复强调，只要检验员仍然认为不合格，还是可以调换的。

最后，检验员自己指出，他们把木材等级搞错了，按合同要求，这批木材全部合格。

有些时候，批评他人并不一定非要直白地进行。我们完全可以委婉地、间接地达到自己的目的。如果你能够在保住他人自尊的情况下指出别人的错误，他人更能够接受你的意见。

沟通处方

对他人提出批评或指责时，顾及他人的颜面，他人就会更乐于接受。这样，你才能达到沟通的目的。

◆ 学会揣着明白装糊涂

沟通案例

一位实验室老师在一次实验课后丢失了一面凸透镜。他经过操场时，偶然发现几位同学正拿着一个凸透镜在阳光下玩耍。这几位同学发现了实验室老师后，神情非常惊慌。实验室老师明白了丢失的凸透镜正是这个。

实验室老师向这几位同学走来，并没有责怪他们，而是笑着说："哟，这凸透镜找到了，谢谢你们啊！昨天我到实验室准备实验用品时，发现少了一个凸透镜。我想大概是搬运过程中丢失了。我沿途找了好几遍都没有找到，谢谢你们帮我找到了这个凸透镜。这样吧，你们继续做实验，下午还给我也不迟。"

这几位同学松了一口气，连忙答应了下来。下午，他们自觉地把凸透镜送还给了实验室老师。

这位实验室老师很聪明。他故意装糊涂，说是同学们帮助自己找到了凸透镜，将责备化成了感激，自然令同学们在摆脱尴尬的同时也羞愧不已。老师的目的顺利地达到了，同时也维护了同学们的自尊心。

很多时候，装装糊涂、说说糊涂话还是很有好处的。生活中，人们定会遇到许许多多令对方"难堪"的情境。对此，我们可以借助于"糊涂"，"忍让"一下，不斤斤计较，暂时"吃点小亏"，做点"退让姿态"。这种"糊涂"可以给对方解围，也能让对方对你产生感激之情。

一家旅馆招聘侍者，面试应聘者时说："有一天，当你走进客人的房间，发现一女子正在裸浴，你应该怎么办？"

应聘者争先恐后地抢着回答。

有的说："对不起小姐，我不是故意的。"面试官听后，摇了摇头。

有的说："小姐，我什么都没有看见。"面试官听后沉默不语。

最后，有个应聘者说："对不起，对不起先生。"结果，他被录用了。

被录用的应聘者巧妙地使用了糊涂的语言，能使客人得到心理上的安慰，同时也使自己得到了面试官的赏识。

在生活中，你经常会碰到一些不想回答但又不能不回答的问题。这时候，你可以巧妙地使用糊涂语言回答。

阿根廷著名足球运动员迪戈·马拉多纳在世界杯上和英格兰球队相遇时打入的第一球是颇有争议的"手球"。传闻，一位记者曾拍下了"用手拍球"的镜头。

赛后，有位记者问他："那个球是手球还是头球？"他机敏地回答："手球一半是迪戈的，头球一半是马拉多纳的。"马拉多纳的回答是故意在装糊涂，但却颇具心计。倘若他直言不讳地承认"确实如此"，那么无疑承认了这场比赛的不公平性。但是，如果不承认，又有失风度。这妙不可言的"手球一半"与"头球一半"，等于既承认了球是手臂撞入的，颇有明人不做暗事的大将气度，又在规则上肯定了裁判的权威，具有君子之风。

在与人交流时，使用糊涂语言是很重要的。其中非常重要的一个用处，就是能够给人台阶下，使双方皆大欢喜。

　　装糊涂在人际相处中很重要。心胸开阔些，宽容大度些，也就大事化小，小事化了了。如果发生意见不一致，争论一阵，分不出高低，便不必再争论了。没有多少原则性的大是大非，何必非争个清楚明白呢？你认为自己的意见正确，对方同样认为自己正确，这样，就应当装糊涂，让争论在平和的气氛中结束。

　　有时候，话说得过于明白真实，反而达不到好的效果。如果能够说得含糊一点，说不定会起到更好的作用。在现实生活中，糊涂语言有着广泛的应用。碰到一些很尴尬的情景的时候，糊涂语言就能派上大用场。

　　遇事不要自作聪明，学会给人面子，留余地。糊涂不是昏庸，而是为人处世的豁达大度，拿得起，放得下，它告诉人们不要太固执，要学会想得开，看得开。该糊涂的时候就糊涂，只有这样才能把事情办成功。

　　常言道："大事清楚，小事糊涂。"对原则性问题，要清楚，处理要有准则，而对生活中非原则性的小事则不必较真儿。

　　清代著名诗人、书画家郑板桥曾写过一个"难得糊涂"的条幅，条幅下面还有一段小字："聪明难、糊涂难，由聪明转入糊涂更难……"自然，这里讲的"糊涂"是指心理上的一种自我修养，意在要明白事理，胸怀开阔、宽以待人。

　　对于日常工作、生活中的许多纠纷与小事，在双方感情好时常常被忽略，而感情不好时就会被放大，搞得双方剑拔弩张。心理学研究表明，感情常常带有盲目性、冲动性和时间性，聪明的人在处理这类纠纷时常采用"不置可否""听其自然"的方法，也称为"冷却法"。人们的感情冲动会因时间的消逝而冷静下来，此时再看这些纠纷是何等的不值得，矛盾也会随之化解。倘若过分热衷于搞清谁是谁非，一味地斥斤计较，或只顾发泄心中的愤恨，则无异于"火上浇油"，反而会激化矛盾。

在处理某些感情冲突时，在适当的情况下，"糊涂"一下是很有必要的，尤其是当你处于困境或遭遇挫折之时，"糊涂"更能显示出它的价值。它会帮助你消除心理上的痛苦和疲惫，甚至逾越难以想象的鸿沟。这是因为"糊涂"也是乐观主义精神的一种体现。

古人说："己所不欲，勿施于人。"如果每个人都能设身处地地为别人想一想，人间自然会多一些快乐。处处抢先、事事占便宜的人多半要付出更高的代价。一切事只要自己问心无愧，不曾主动地去与人为敌就可以安心了。如果一味拘束于别人的看法、世人的议论，会活得很累。

宋朝宰相韩琦，以品行端正著称，遵循着得饶人处且饶人的生活准则，从来不因为有胆量被人称许过。可是，他处理的事情都得到众人的好评，结果得到了大家的敬重。与之相反的是，《红楼梦》中的王熙凤做人可谓精明，倚仗贾母宠爱和自家背景，上欺下压，最后令众人生厌，郁郁而死。可见，做人不能不精明，但也不能精明过头。

做人精明露骨，则是一种小聪明。一个人不能把自己的聪明全部都写在脸上，需要的时候做到揣着聪明装糊涂，才是真正的聪明，才能在社会上很好地生活下去。

一般说来，"小事糊涂"的人，比起事事处处"精明"的人，人际关系更好，也容易得到别人的认可。

沟通处方

如果事事较真儿，你会发现没有一件事是如意的，没有一个人是顺眼的。最终，不仅事情不容易办成，而且也会在自己与他人的沟通上增添不必要的障碍。

◆ 如何把握说话的分寸

沟通案例

两位推销员在推销同一款袜子。

第一位推销员随手拿起一只袜子，紧接着又拿起打火机，在袜子下面轻快晃动。火苗穿过袜子，而袜子未受到损伤。在他一番介绍之后，袜子在顾客手中被传看着。一位顾客要拿打火机试验一下，急得推销员赶忙补充说："袜子并不是烧不着，我只是证明它的透气性好。"顾客终于明白怎么回事了，袜子的质量没的说，但当时的气氛明显地影响了顾客的消费情绪。

第二位推销员，也是一边说一边演示。不过，他介绍得非常周到。他是这样说的："当然，任何事物都有它的科学性，袜子怎么会烧不着呢？我只是证明它的透气性好。它也并不是穿不破的，就是钢也会磨损的。"这番介绍没有给天性爱挑剔的顾客留下可乘之机。接下来，他一边给大家传看袜子，一边讲解促销的优惠价格，销售效果明显好于第一位推销员。

自以为是的人总觉得自己的见解没有错，容易把话说满，不给自己留下余地。杯子留有空间，是为了轻轻晃动时液体不会洒出来；气球留有空间，是为了不会因轻微的挤压而爆炸；人说话留有空间，是为了防止"例外"发生而让自己下不了台。

老板新策划了一个项目，想交给小韩负责。老板向小韩介绍完情况后，问他："有没有问题？"小韩立即拍着胸脯回答说："没问题，放心吧！"过了一周，小韩没有任何动静。老板问他进度如何，他才老实说："没有想象中那么简单！"虽然老板同意他继续努力，但对他拍胸脯的信誓旦旦的表现已经产生了反感。

空话、大话连篇的人，吹得天花乱坠，实际行动却不见几分，难免让人觉得华而不实、难以信任。不如低调一点，做的比说的多，多干活儿少说话，用实际行动证明自己的价值。把话说得太满、太大，就像把杯子倒满了水，再倒就溢出来了；也像把气球充满了气，再充就要爆炸了。不如留点余地，让自己能从容转身。凡事总有意外，使得事情产生变化，而这些意外并不是人人都能预料到的。话不要说得太满，就是为了容纳这个"意外"。

在做事的时候，对别人的请托可以答应接受，但最好不要"保证"，应代以"我尽量""我试试看"等字眼。上级交办的事当然要接受，但不要说"保证没问题"，应代以"应该没问题，我全力以赴"之类的字眼。这既是为自己做不到所留的后路，也无损你的诚意，反而更显出你的谨慎。别人会因此更信赖你。即使事情没做好，也不会太责怪你。

一家酒店的服务员，发现客人陈先生结账后仍然住在房间，而这位陈先生又是经理的亲戚。如果直接去问陈先生何时起程，就显得不礼貌，但如果不问，又怕陈先生赖账。

于是，她考虑再三，想好了说辞后，敲开了陈先生的房门："您好！您是陈先生吗？""是啊！"陈先生回答说，"您是——""我是酒店的工作人员。听说您前几天身体不舒服，现在好点了吗？""谢谢您的关心，好多了。"陈先生很感激地说。"听说您昨天已经结账，今天没有走«。这几天天气不好，是不是飞机取消了？您看我们能为您做点什么？"服务员试探地问。"非常感谢！昨晚结账是因为我的表哥今天要返回，我不想账积得太多，先结一次也好。大夫说，我的病还需要观察一段时间。""陈先生，您不要客气，有什么事只管吩咐好了。"服务员弄清了原因，告辞离去。

这位服务员找客人谈话的目的是要弄清楚客人走还是不走，如果不走，就弄清楚原因。但这个问题不好开口，弄不好既得罪客人又得罪经理。她的话说得非常巧妙，先是寒暄一下，然后又问客人需要什么样的帮助，也表示出了自己的关心，使客人深受感动，不知不觉中就明白了原因。事情做绝，不留余地，不给别人机会，不宽容别人，处理事情下狠手，都是不理智的行为。无论矛盾有多深，最好都不要说出"誓不两立"之类的话，否则日后万一有合作的机会，一定会左右为难，尴尬万分。

想要把握分寸，给自己留点余地，需注意以下几个方面。

1. 话不要说过了头

事物都有自己存在的道理。说话时，如果违背了常情常理，就会给别人留下把柄。因此，在谈话时，要记住话不要说过了头，违背了常情常理。

2. 话不要说得太绝对

人们考虑问题都喜欢来个相对思考，对于绝对的东西，在心理上有一种排斥感。比如，你斩钉截铁地说："事实完全就是这样。"别人在心里会有疑问："难道真的一点也不差？"也许你的表达是真实的，可是当别人心里老是琢磨"难道一点也不差"的时候，他对你的话是不可能赞同的。

在谈话时，即便是我们有把握的事，也不要把话说得过于绝对。绝对的东西容易引起他人的反感，而且如果对方有意挑刺，还真能挑出刺来。与其给别人一个挑刺的借口，不如把话说得委婉一点。同时，如果不把话说得那么绝对，我们还可以在更为广阔的空间与对方周旋。

3. 话要说得圆滑

当我们为了某个目的与他人谈话时，话就要说得圆滑一些。话说得太直，会激恼对方，即便是理在己方。说得圆滑一点，能留下回旋的余地，从容地达到我们谈话的目的。

沟通处方

给自己留下一点余地，不仅可以为自己赢得回旋的空间，而且可以给对方留下一个谦虚的良好印象。

◆ 站在对方立场去表达

沟通案例

在美国独立战争中，杰弗逊被指定为《独立宣言》的撰写人。杰弗逊年轻气盛，又文才过人，平素最不喜欢别人对他写的东西品头论足。他起草好《独立宣言》后，就把草案交给一个委员会审查，然后坐在会议室外，等待着回音。过了很久，也没听到结果，他等得有点不耐烦了，几次站起来又坐下去。老成持重的富兰克林就坐在他的旁边，担心这样下去会发生不愉快的事情，就拍拍杰弗逊的肩，给他讲了一个故事。

有一位年轻人是一家帽店学徒，三年学徒期满后，他决定自己开一家帽店。他觉得，有一个醒目的招牌非常必要，就自己设计了一个，上面写着："约翰·汤普森帽店，制作和现金出售各式礼帽。"同时还画了一顶帽子附在下面。送做之前，他特意把草样拿给朋友看，请大家"提意见"。

第一个朋友看过后，不客气地说："'帽店'一词与后面的'出售各式礼帽'语义重复，建议删去。"第二个朋友看过后，说："'制作'一词也可以省略，因为顾客并不关心帽子是谁制作的，只要质量好、式样称心，就会受到欢迎。"于是，这个词也免了。第三个朋友看后，说："'现金'二字实在多余，因为本地市场一般习惯现金交易，不时兴赊销。顾客买你的帽子，毫无疑问会当场付现金的。"这样删减了几次以后，草样上就只剩下"约翰·汤普森出售各式礼帽"和那幅画好的帽样了。

"出售各式礼帽？"最后一个朋友对剩下的词也不满意，"谁也不指望你白送给他，留那样的词有什么用？"他把"出售"画去了，提笔想了想，连"各式礼帽"也一并删掉了，因为下面明明已经画了一顶帽子。

等帽店开张，招牌挂出来时，上面醒目地写着"约翰·汤普森"几个大字，下面是一个新颖的礼帽图样。来往顾客看到后，没有一个不称赞这个招牌做得好的。

听完这个故事，自负、焦躁的杰弗逊渐渐平静下来。他明白了富兰克林的意思。结果，《独立宣言》草案经过众人的精心推敲、修改，更加完美，成了字字金石、万人传诵的不朽文献，对美国革命起了巨大的推动作用。

我们在说服对方时，如果直接指出对方的错误，对方常常会采取守势，并竭力为自己辩护。因此，我们最好用间接的方式让对方了解应改进的地方，从而达到让对方转变的目的。

人们常说："不看你说的什么，只看你是怎么说的。"同样要表达一个意思，不同的人有不同的说法，不同的说法会产生不同的效果。我们在与人交流时，不要以为内心真诚便可以不拘言语，这只能让对方对我们产生抵触心理。我们要学会委婉、艺术地表达自己的想法。一句话到底应该怎么说，其实很简单，你只要设身处地地从对方的角度想想，就很容易做到。

美国前总统威尔逊曾这样说过："如果你想握紧了拳头来见我，我可以明白无误地告诉你，我的拳头比你握得更紧。但是，如果你对我说：'我想和你坐下来谈一谈。如果我们的意见相左，我们可以共同找出问题的症结所在。'这样一来，我们都会感到我们之间的观点是非常接近的。即使是针对那些不同的见解，只要我们带着诚意耐心地讨论，相信我们不难找出最佳的解决途径。"

人人都有自尊心，人人都有好胜心。若要联络感情，则应处处维护对方的自尊；而要维护对方的自尊，就必须抑制你自己的好胜心，成全对方的好胜心。

生活中常常有些人，无理争三分，得理不让人，小肚鸡肠。相反，有些人真理在握，不声不响，得理也让人三分，很有君子风度。前者，往往是生活中的不安定因素，后者则具有一种天然的向心力。有理，没理，饶人不饶人，一般都是在是非场上、论辩之中。假如是重大的或重要的是非问题，自然应当不失原则地论个青红皂白。而在日常生活、工作中，为一些非原则问题、鸡毛蒜皮的小事争得不亦乐乎，以致非得决一雌雄才罢休，就没有必要了。

争强好胜者未必掌握了真理，而谦卑的人，原本就把出人头地看得很淡，更不消说一点小是小非的争论了。你若是有理却表现得谦逊，往往能显示出你的胸襟之坦荡、修养之深厚。

演讲时，你在麦克风前打喷嚏，站不稳，故意表现些小失误，就能缓和原来紧张的气氛。听众看到你的小失误后，心里便会想："同样都是人，难免做出些不雅的事。"于是，一种亲切感就自然产生了。

与有自卑心理和戒备心的人初见面时的会谈是很困难的。尤其是在社会地位有差距时，居下位的一方心中会有胆怯感，心理上自然会筑起一堵防御墙。此时，条件较为优越的人让对方拥有"自己不比别人差"的意识，这一点很重要。

沟通处方

同样的一件事情，用不同的方式表述，会产生不同的效果，甚至截然相反的效果。善于沟通的人，总能够找到对方容易接受的方式发表自己的看法。

◆ 把握好人与人之间距离的尺度

沟通案例

刘芸和李娜娜高中时是同学，又考到了同一所大学。大学期间，两个人相处得非常好，不仅无话不说，而且对方的任何事情彼此都非常熟悉。

大学毕业后，她们都准备在学校的所在地大城市发展。为了省钱，她们合租了一间房子，两个人同睡一张床。刚住进来的时候，两人非常高兴地聊了一个晚上。

然而，好景不长。李娜娜睡觉时很怕吵，也怕灯光，而刘芸的工作常有夜班。赶上夜班的时候，刘芸下班回来都要半夜了，回来后还得吃饭。因为这种不一致的作息时间，虽然双方都知道互相迁就，但还是产生了隔阂。加上生活中的柴、米、油、盐使两人之间很难一一算清，渐渐地，两个人不像以前那样亲密了，房间里充满了"冷战"的氛围。

一天，刘芸上床睡觉的时候动静大了点。李娜娜终于按捺不住情绪，积攒了几个月的矛盾像火山一样爆发了。两个人都说对方的不是，最后争执起来。两个人就这样分道扬镳了，以后再也没有联系过。

人与人之间相处，是需要那么一点点神秘感，这就是需要给彼此一个自由的空间，太过亲密反而会让彼此不能更好地容纳对方。每个人的教育背景、成长环境、生活习惯不同，想法、观点自然也不尽相同。如果人们能够保持一定的距离，这些不同就会被忽略。相反，如果彼此太过紧密，这些不同之处便会一一呈现在各自的面前。

留出自由的空间，不是让彼此相距很远，也不是让人们不再联系，不关心对方，而是要营造一个适当的距离。适当的距离，能够让人们感受到距离营造出的思念的美以及完美的美，也就是说"适当的距离能够产生美"。

每个人在一生中都在不断地交新的朋友，但新的朋友未必比老的朋友好，失去友谊更是人生的一种损失，因此必须记住：好朋友一定要"保持距离"！

朋友相处，重要的是双方在感情上的相互理解和遇到困难时的相互帮助，而不是了解一些不必要的东西。有的人为了表示自己对朋友的信任，把自己的一切情况和盘托出，这种做法是一种轻视自己的行为。如果你所结交的朋友是一个值得信赖、品行端正的人，可以说是你的幸运；万一对方是居心不良、怀有歹意的人而你又没有识破，情况就会使你大伤脑筋。

生活中，人们也时常提倡"与人相处要走近点，这样才能搞好关系"。但是距离的走近并不等于心灵的走近。距离越近，彼此越容易出现摩擦。越是天天泡在一起，越容易厌倦对方。比如说，你喜欢吃麦当劳，当你天天吃的时候，你会发觉麦当劳和普通的东西没有什么区别，甚至觉得厌烦，再也不想吃了。

人们相互之间要建立和谐的人际关系，就必须注意人与人之间的适度距离，太远不好，太近也不可，倾向于任何一方都会出现极端的结果。距离太远，彼此容易冷淡、疏远；距离太近，则容易产生摩擦、厌倦。

与人相处的时候，要把握好距离的尺度，保持适当的、微妙的距离，既要保持相互了解又要做到相敬如宾。那么，与人相处最适当的距离是什么状态呢？心理学家认为，最合适的距离，应该是不远不近、不亲不疏、不分不离，让各自都有自己的空间和秘密，同样也让彼此都能够体会到关心与爱护。这样，当你求助对方或者接触对方的时候，对方也会接受你的请求，也更易向对方施加影响。

一块看上去完美无瑕的玉，如果你用放大镜看，还是能够看到它的瑕疵。于是，你会认为"玉石"也只是普通石头的一种。一幅挂在墙上看似风景秀丽的油画，如果你走近后再看，还是能够看到画家作画时的不足之处。于是，你心中会发出"也不过如此"的慨叹。一个皮肤像牛奶一样润滑、白皙的美丽女孩，如果你和她近距离接触，还是会发现她脸上有少许的斑斑点点。于是，你会觉得她也不是想象中的那么漂亮。

你近距离接触世上的任何东西，都会发现它的瑕疵、缺点。你与世上任何一个人时时刻刻在一起，每分每秒不分开，那么即使是亲密无间的爱人，有一天也会因为彼此间的赤裸裸，不再相互吸引、相互容纳。

面对爱人都如此，更何况身边的人。无论是你的顶头上司还是你的下属，无论是你的亲戚、朋友，还是儿女、父母，无论是你的多年好友还是刚刚相知相识的人，都要给彼此一个空间，这样才能保持那份美好，才易施加影响。

小微在一家公司的策划部做职员。策划部多是女性，所以在办公室彼此间经常会为了些小事斤斤计较，在穿着打扮上相互攀比、嫉妒，工作时更是分帮结派。小微第一天来上班的时候，同一部门的不同帮派同事便拉拢她。小微没有倾向于任何一方，也没有拒绝任何一方，只是笑笑。

后来，小微在工作中时刻保持中立，和任何一方都保持适当的距离。她这样工作了一年后，公司经理被调走，公司准备在她们中挑选一人做经理。大家不记名投票，结果小微的票数最多。

一个人只要按照自己的方式工作、生活，与周遭的环境和人保持适当的距离，那么无论什么时候，你都会掌握做事的主动权。

沟通处方

德国哲学家黑格尔曾有一句名言："距离产生美。"的确，在与别人沟通时，我们保持适度的距离，才能获得较好的沟通效果。

第二章　用良好心态开启有效沟通

　　拥有什么样的心态，就会用相应的方式去做事，也会得到相应的结果。因此，我们要想进行有效沟通，就先要拥有良好的心态。

◆ 适时示弱，更受欢迎

沟通案例

　　有一座砖瓦窑的窑主规定，每个窑工每个月必须制成一万片瓦坯，完不成任务的只能拿一半的工钱，超过一万片按数量计发奖金。

　　一天，窑主新招了一个工匠卫海。他上窑厂操作了两天，每天制瓦坯600片，且质量上乘。老板非常高兴，表扬了他。卫海得意扬扬地说："每天800片我都没问题，奖金我拿定了。"

　　收工时，卫海感觉到一道道恼恨的目光刺向他。当他到食堂吃饭的时候，他的碗筷被别人扔在了一旁。这一下，卫海知道自己遭到了大多数人的嫉妒。

　　第三天，卫海有意放慢了速度，制瓦坯的数量和一般窑工数量接近。窑主再来检查时，卫海恳切地说："老板啊，我们在砖窑干活又脏又累，做了9999片瓦坯还只能拿一半工资，很不合理……"老板考虑了一下，觉得他说的也有道理，就取消了这项制度。

卫海还积极接近工友们，教他们提高工作效率，使大家都能达到定额。此后，工友们不但不再嫉妒他，还佩服他、尊敬他。

人都有嫉妒心理。示弱能使处境不如自己的人保持心态平衡，有利于人际交往。一个人这方面突出，肯定另一方面就有弱点。在社交中，不妨选择自己"弱"的一面，削弱自己过于咄咄逼人的成绩，让别人放松警惕。

地位高的人在地位低的人面前不妨展示自己的奋斗过程，表明自己其实是个平凡的人；成功者在别人面前多说自己失败的经历、现实的烦恼，给人一种"成功不易""成功者并非一举成名"的感觉；对眼下经济状况不如自己的人，可以适当诉说自己的苦衷。

如果一个人能力过强，过于表现自己，无形中会给他人造成压力。在人际交往中，适时适度地示弱往往也是一种有益的处世之道。无论是强者还是弱者，内心其实都渴望被人需要、被人尊重，而示弱往往可以使他人感觉到自身的重要，给人一种心理平衡，于是对示弱者产生好感。

示弱是一种高超的处世智慧，可以减少或消除不满和嫉妒。事业的成功者，生活中的幸运儿，被人嫉妒是难免的，在一时还无法消除这种社会心理之前，用适当的示弱方式可以将其消极作用减少到最低程度。

有个记者去拜访一位企业家，目的是获得有关他的一些丑闻资料。然而还来不及寒暄，这位企业家就对想发起质问的记者说："时间还早得很，我们可以慢慢谈。"

当秘书将咖啡端上来时，这位企业家端起咖啡喝了一口，立即大嚷道："哦！好烫！"咖啡杯随之滚落在地。等秘书收拾好后，企业家又把香烟倒着插入嘴中，从过滤嘴处点火。这时，记者赶忙提醒："先生，您将香烟拿倒了。"企业家听到这话之后，慌忙将香烟拿正，不料却将烟灰缸碰翻在地。

在商场中趾高气扬的企业家出了一连串的洋相，使记者大感意外。不知不觉中，记者原来的那种挑战情绪完全消失了，甚至对对方产生了一种同情。这就是企业家想要得到的效果。整个过程，其实是企业家有意为之。当人们发现杰出的权威人物也有许多弱点时，过去对他抱有的恐惧感就会消失，而且由于同情心的驱使，还会对对方产生某种程度的亲切感。

在与人的交往中，为了使别人对你放松警惕，产生亲近之感，你可以很巧妙地、不露痕迹地在他人面前暴露某些无关痛痒的缺点，出点小洋相，表明自己并不是一个高高在上、十全十美的人，这样就会使他人在与你交往时松一口气，不再与你为敌。

强者"示弱"，无论对于自己还是对于弱者，双方都能有所收获。为什么这样说呢？因为强者甘心"示弱"，以弱者的姿态行事，自然会谦虚谨慎，别人也会愿意接受，如此可令强者更强。弱者则能从中获得慰藉，心理上得到平衡，从而在心平气和中自觉地向强者学习。

真正的强者，一般都会保持示弱求存的状态，低调地处理自身的现实表现，却不断思考以实现更高的理想。这种示弱的结果，反而是自身的不断提高，方方面面获得了环境的支持。主观示弱，而客观上实现了自身强者的地位。

坦然示弱，更容易被人们所接纳，生活中我们经常看到，好出风头的人总不如平和谦淡的人容易得到大家的认可和信任。很多时候，暴露自己的弱点比极力掩饰自己的弱点更可爱，也容易赢得他人的喜欢。

坦然示弱，能为我们赢得更多的朋友。卡耐基曾说："如果你想赢得朋友，让你的朋友感到比你优越吧！如果你想赢得敌人，就要让你的敌人时时刻刻感觉到你远远优越于他。"其实，人都不是十全十美的，掩饰弱点，实际上是一种不自信的表现。在人际交往中，应该学会聆听和关注他人。适当示弱，不仅能拉近人与人之间的距离，留给对方价值空间，自己也会因真实得到更多的支持。

做人应该善于示弱，也就是在自己明显占有优势的情况下，淡化自己的光芒，充分尊重别人。这样的示弱并非自己真正弱小，而是一种主动把握生活的自信和从容。

沟通处方

如果处于强势地位，但并不给人以居高临下的姿态，而是给人以平易近人的感觉，那么你就会很容易受到人们的欢迎，而这离不开你适时向他人示弱。

◆ 不要随便揭别人的短处

沟通案例

康熙皇帝青年时励精图治，做过不少大事，到了晚年，头发花白了，牙齿也松动脱落。这本是人生的自然规律，可他心里就是不服老，只要听到有人说他"老"就不高兴。臣子深知他的心理，特别忌讳说"老"一类的字眼，没有谁愿意在皇上面前触这个霉头。

康熙皇帝为了显示自己还年轻有活力，常常率领皇后、妃子们去猎苑猎取野兽，在池边钓鱼取乐。

有一天，康熙率领一群妃嫔们去湖中垂钓。不一会儿，钓竿动了，康熙皇帝连忙举起钓竿，只见钩上钓着一只大大的金龟，心中好不喜欢。谁知刚刚拉出水面，只听"扑通"一声，金龟却脱钩掉到水里跑掉了，康熙长吁短叹连叫可惜。在康熙身旁陪同的皇后见状连忙安慰说："看这光景，这只龟是老得没有门牙了，所以衔不住钩子了。"

这时，在旁边观看的一个年轻妃子见状忍不住大笑起来，而且笑个不止。康熙见了不由得龙颜大怒，认为皇后是言者无心，而那妃子则是笑者有意，是含沙射影，笑他没有牙齿，老而无用了。回宫之后，康熙马上下了一道谕旨，将那妃子打入冷宫，终身不得复出。

诚然，康熙因妃子笑话他而给予这样的重罚，充分暴露了封建帝王的冷酷无情。但是我们可以想想，如果别人这样笑话你的缺憾，你同样也会不高兴的。每个人都是有自尊心的，总希望受到别人的尊重。

谁也不希望人们一见面就提到自己不愉快的事，人人都不愿意人家触及自己的憾事、缺点、隐私，这也是一般人所共有的心理。在为人处世中，一定要注意尊重别人，交谈时千万不要涉及别人忌讳的话题，不然就会导致双方的不和，给人际交往带来麻烦。

无论处在什么地位，也无论是在什么情况下，大多数人还是都喜欢听好听的话，喜欢得到别人的赞扬，希望受到别人的肯定。如果你偏偏不识相，不能读懂别人的心思，一味地忠直，说一些不合时宜的憨言憨语，难免让人感到尴尬。

拿破仑称霸欧洲大陆的时候，一位科学家建议他在战船上安装发动机，用机械动力代替人力和风力。高傲的拿破仑开始对这一"动力革命"的方案不感兴趣。为了使拿破仑迅速做出决策，那位科学家恭维地说："陛下，如果有发动机助您一臂之力，您一定会更加高大起来……"一听这话，拿破仑脸色陡变，冷冷地说："我的战船装士兵还不够，哪有地方去装什么发动机，收起你的那一套吧！"科学家碰了一鼻子灰。

原来拿破仑身材矮小，特别忌讳别人提及他的身高。他从科学家说的"您一定会更加高大起来"一语推断出，别人说他现在还不够高大——矮，是在蔑视他、嘲笑他。所以，他断然拒绝了科学家的方案，错失了这个千载难逢的历史机遇。

揭短有时是无意的，那是出于某种原因一不小心犯了对方的忌讳。有心也好，无意也罢，揭人之短都会伤害对方的自尊，轻则影响双方的感情，重则导致友谊的破裂。与人相处要善于择善弃恶，多夸别人的长处，尽量回避对方的短处。

当然，在某些时候，对方的缺点和错误无法回避，必须直接面对。当你指出对方的缺点和不足时，要顾及场合，别伤及对方的面子。这时，你就要采取委婉含蓄的说法，避免发生冲突。尤其是要注意"避人所忌"，面对别人在生活中遇到某些不尽如人意的事，最好不要主动引出有可能令对方尴尬的话题。

人不可能不犯错，也不可能一直祥光罩身，或者有身体或性格上的缺陷，而这些就构成了一个人的短处。每个人的短处都是不愿意让他人知道的。与人沟通时，即便是为了对方或为了大局而必须指出对方的缺点，也要讲究方法、策略，否则，不仅达不到本来的目的，还可能会惹来麻烦。

为人处世的成功，一个很重要的因素就是善于发现对方身上的优点，夸赞对方的长处，而不要抓住别人的隐私、痛处和缺点大做文章。

所以，我们一定要注意，不论在何种场合，都不要揭别人的短处，也不要伤害别人的自尊。"打人不打脸，揭人不揭短"，要想与他人友好相处，就要尽量体谅他人，维护他人的自尊，并把面子留给别人。

沟通处方

别人身上存在的短处，已经使他感到自卑了。你在与别人沟通时，对其短处乱加评点，只能使其对你敬而远之。

◆ 面对诋毁，泰然处之

沟通案例

战国时期，各诸侯国经常相互攻伐。为使双方能遵守信约，国与国之间常将太子交于对方做人质。有一年，魏国和赵国签订了合约，魏王要把儿子从京都大梁送到赵国的都城邯郸去做人质，并派大臣庞葱陪同前去。

庞葱深知魏王的脾气，耳根子软，容易偏听偏信，担心自己一走，国内那些反对他的人会制造流言蜚语。

于是，他临行前特意对魏王说："如果现在有人报告大王，说大街上来了一只老虎，您相信吗？"

"我不相信。"魏王回答说。

庞葱又问："如果第二个人也说大街上有老虎，您相信吗？"

魏王说："既然两个人都这么说，我就会半信半疑了。"

庞葱再问："如果第三个人也说大街上有老虎，您相信吗？"

魏王说："大家都这么说，我只得相信了。"

接着，庞葱感慨地说："大王，老虎不会跑到大街上来，这谁都知道。可经过三个人一说，大街上有老虎的事就成真的了。我想邯郸离大梁比宫里离大街要远得多，只怕日后议论我的人还不止三个，大王要仔细考察才行。"

魏王点点头说："寡人心中有数，你放心去吧。"

于是，庞葱辞别魏王去了赵国。果然不出庞葱所料，他刚一走，诽谤他的话就不断地传到魏王耳朵里，魏王很快也相信了。到太子质押期满回宫后，魏王就不再见庞葱。

对此，庞葱坦然处之，过着自由自在的隐居生活。

在流言蜚语未产生前，庞葱已有了心理准备，所以他虽然受到魏王不公正的待遇，却仍能以正常的情绪生活。这说明他是一个意志坚强、头脑清醒的人。

遗憾的是，很多人遭受流言蜚语却不能坦然处之。尤其在职场中，同事每天与你在一个单位中工作，彼此之间免不了会有各种鸡毛蒜皮的事发生，引起各种各样的矛盾。这种矛盾有些是表面的，有些是背地里的，种种矛盾交织在一起，便会引发冲突。

一个单位里，这样的人越多，人际关系越复杂，"内耗"越严重，工作效率也越低。相反，如果大家都能集中精力工作，不过多关注他人的缺点，人际关系就会比较正常、简单，工作效率就会提高。

当你发现昔日交往甚密的同事在背后四处散播谣言、诋毁你时，你可能很想和他大吵一通，揭露他的谎言，让其他同事认清他的真面目。但是，你有没有想过，大家是同事，如果你摆出绝交的态度，只会将整个办公室的气氛弄僵。更何况，上司最不喜欢下属因私事而影响工作。所以，对待这样的人和事你要冷静面对，别说过火的话。

对这样的同事，你只要暗中与他疏远就行了。所谓"路遥知马力，日久见人心"。时间久了，谁是什么样的人，大家自然也就清楚了，他给你造的谣自然也就不攻自破了。到那时，被孤立的是他而不是你。

面对流言要根据具体的实际情况随机应变。值得注意的是，在流言未起之前就把容易引起流言的事明白地"公告"出来，先打个"预防针"，以免让不明内情的人怀疑、猜想，也让恶意攻击者抓不着把柄，我们这样正身，"流言"就会少一些。

现实生活和工作中，一些人总喜欢说别人的闲话，而不顾他人的苦乐和祸福；或者居心叵测，别有用意地制造"闲话"，以达到伤害他人的目的。那么，我们到底应该如何面对流言蜚语，才能使自己免受其害呢？

1. 采取泰然处之的态度

对于流言蜚语，你应泰然处之，没有必要去过多计较。很多时候，流言似乎具有粘连性，你不应付它还好些，你应付它，它也就有了"真正的主人"，不仅消止不了，反倒更"说明问题"，越描越黑。

流言如一只好斗的公鸡，只要你轻蔑它，不和它硬斗，它自己慢慢地就会没有劲头了。有部电影里的台词这样说："对于闲言碎语，没有必要去计较，也计较不过来。自己想怎么活就怎么活，自己选的路，愿意走的尽管走下去。如果这个人说这么走，那个人说那么走，那你就永远在原地待着吧！"

2. 用事实来说话

要制止流言蜚语，最好的解决办法就是自己拿出自身的实际行动。世上不平、可愤之事太多了。你不去"理"流言，流言却偏爱"理"你。如果事情没有什么大不了的倒无妨，倘若事关重大，什么场合你都保持沉默就不可取了。要用事实来说话，证实自己究竟是不是流言中所描述的那样。

3. 必要时要予以适当回击

只要是流言，总是造谣者在编谣造假，哄骗世人，诬陷攻击别人，进而达到他自己的卑劣目的。我们不妨"以其人之道，还治其人之身"，因为假的就是假的，流言蜚语总是有自相矛盾之处。抓住了对方自相矛盾的地方，予以坚决的回击，对方搬起的石头就会砸到自己的脚上。

沟通处方

无论你怎么小心做事，谨慎做人，总难免会有爱挑事端的人散布你的谣言。如果你对这些所谓的谣言太过在意，它们就会如影随形，让你不得安生；如果你能坦然面对这些谣言，明白清者自清，谣言也就会慢慢化为乌有。

◆ 待人要以诚

沟通案例

北宋词人晏殊以为人真诚著称。在十四岁时，他参加殿试，真宗出了一道题让他做。

晏殊看罢题后，对真宗说："陛下，十天以前我已经做过这个题目了，草稿还在，请陛下另外出个题目吧！"真宗见晏殊如此真诚，感到他很可信，便赐予他"同进士出身"。

晏殊任职期间，每逢节假日，京城的大小官员都会在外边吃喝玩乐。晏殊因为家里比较贫穷，没有钱出去玩乐，只好在家里和弟兄们闭门读书。

有一次，真宗点名要晏殊担任辅佐太子一职，许多大臣都不理解。真宗解释道："近来，群臣经常出门游玩饮宴，唯有晏殊与弟兄们每天读书写文章，如此自重谨慎，难道不是最合适的人选吗？"

晏殊听后，向真宗谢恩后说："其实我也是个喜欢游玩的人，但因家里贫穷无法出去。如果我有钱，也早就去参与宴游了。"真宗听后，更加赞叹晏殊为人的真诚，对他也更加信任。

真诚的语言，不论对说话者还是对听话者来说，都至关重要。说话的魅力，不在于说得多么流畅，多么滔滔不绝，而在于是否善于表达真诚。最能推销产品的人，不见得一定是口若悬河的人，而是善于表达自己真实情感的人。

在说服对方时，用真诚的态度，会招人喜欢，易于被人接纳。入情入理的话，一方面显示说服者坦诚的态度，另一方面又尊重对方并为对方着想。这样无论在交易原则上，还是在人的情感上都进行了沟通，达成了共识，促使合作。

当松下电器公司还是一个乡下小工厂时，作为公司领导，松下幸之助总是亲自出门推销产品。每次在碰到砍价高手时，他总是真诚地说："我的工厂是家小厂。炎炎夏日，工人们在炽热的铁板上加工制作产品。大家汗流浃背，却依旧努力工作，好不容易才制造出了这些产品，依照正常的利润计算方法，应该是每件……"

听了这样的话，对方总是开怀大笑，说："很多卖方在讨价还价的时候，总是说出种种不同的理由。但是你说的很不一样，句句都在情理之中。好吧，我们就按你开出的价格买下来好了。"

松下幸之助的成功，在于真诚的说话态度。他的话充满情感，描绘了工人劳作的艰辛、创业的艰难、劳动的不易，唤起了对方深切的同情，也换来了对方真诚的合作。

我们与人交谈时，秉持着一颗"至诚的心"，不流于巧言令色、油嘴滑舌，适当将自己最好的一面通过"说话"表达出来，才能建立良好的人际关系，使自己融入群体之中。

罗马诗人帕利里亚斯·赛洛斯说过："当别人真诚地对待我们的时候，我们也要真诚地对待他们。"真正站在对方的立场上，为对方着想，并全面分析对方的利弊得失，说话真诚，语气亲切随和，不卑不亢，通情达理，这是成功打动对方的诀窍所在。

说话如果只追求外表漂亮，缺乏真挚的感情，开出的也只能是无果之花，虽然能欺骗别人的耳朵，却永远不能欺骗别人的心。一位著名演说家曾经如是说："在演说和一切艺术活动中，唯有真诚，才能使人怒；

唯有真诚，才能使人怜；唯有真诚，才能使人信服。"

与人交谈，贵在真诚。与人交流时只有捧出一颗恳切至诚的心，一颗火热滚烫的心，才能让人感动，才能动人心弦。

美国前总统林肯就非常注意培养自己说话的真诚。他说："一滴蜂蜜要比一加仑胆汁能吸引更多的苍蝇。人也是如此。如果你想赢得人心，首先就要让他相信你是他最真诚的朋友。那样，就会像一滴蜂蜜吸引住他的心，也就是一条坦然大道，通往他的理性彼岸。"

林肯在一次竞选辩论中曾说："你能在所有的时候欺骗某些人，也能在某些时候欺骗所有的人，但你不能在所有的时候欺骗所有的人。"这句著名的格言成为林肯的座右铭，对于我们也不无借鉴之处。

如果能用得体的语言表达你的真诚，你就能很容易赢得对方的信任，与对方建立起信赖关系，对方也可能因此喜欢你说的话，轻易答应你提出的要求。

人与人之间，无论是雇主关系还是朋友关系，无论是亲戚还是顾客，相互之间都应真诚相待。那么，我们该如何换来他人对我们的真诚呢？答案很简单，只有七个字，那就是：用真诚换取真诚。

拳王阿里因为年轻时不善于言辞而影响了自己的知名度。一次，阿里参赛时膝盖受伤，观众大失所望，对他的印象更加不好了。当时，阿里并没有拖延时间，而是要求立即停止比赛。阿里对此解释说："膝盖的伤还不至于不能进行比赛，但为了不影响观众看比赛的兴致，我请求停赛。"

在这之前，阿里并不是一个多有人缘的人，但是由于他对这件事的诚恳解释，使观众开始对他产生良好的印象。他为了顾全大局而请求比赛暂停的真诚，是在替观众着想，由此也深深地感动了观众。

阿里以一句发自内心的真诚之语挽回了观众对自己的印象，也换来了观众对他的支持与喜爱。一个人能成功，很多时候并不在于他能滔滔不绝地吹嘘自己,而是他能为他人着想,关心他人的利益,用自己的真诚换来他人的信任。

沟通处方

没有谁乐意与虚伪奸诈之人深交,人们也都希望对方能真诚对待自己。而真诚相待是相互的,你若想要别人真诚对待你,就要从真诚对待别人做起。

◆ 主动向对方伸出友谊之手

沟通案例

有一个人做了一个梦。梦中,他来到一栋二层楼中。

进到第一层楼时,他发现一张长长的大桌子,桌旁都坐着人,桌子上摆满了丰盛的佳肴,可是没有一个人能吃得到,因为大家的手臂受到魔法师的诅咒,全都变成直的,手肘不能弯曲,桌上的美食夹不到口中,所以个个愁眉苦脸。

这时,他听到楼上却充满了欢快的笑声。他好奇地上楼一看,同样也有一群人,手肘也是不能弯曲,但是大家却吃得兴高采烈。

原来,每个人的手臂虽然不能弯曲,但是因为对面的人彼此协助,互相帮助夹菜喂食,结果大家吃得很尽兴。

没有一个人可以不依靠别人而独立生活。这本是一个需要互相扶持的社会。先主动伸出友谊的手,你会发现原来四周有这么多的朋友。在生命的道路上,我们更需要和他人互相扶持,共同成长。

朋友多的人与朋友少的人的区别之一,就是朋友多的人能够主动去结交陌生人。主动结交陌生人并不难,只要你能主动向对方伸出友谊之手，结识新的朋友将是一件令人愉快的事情。

在生活中，当你伸出友谊之手，与陌生人彼此成为朋友时，你便会明白得到一个朋友是如此简单与快乐。主动地结识陌生人并与之保持联系，这是使陌生人转变为朋友的有效做法。

大多数情况下，现实中并不是每个人都愿意主动去结识陌生人，而是习惯于被动地等待别人与自己主动打招呼，习惯这种被动的结交方式。如果所有的人都持这种态度，那么人与人之间不就没有交往了吗？幸好有一部分人是天生的活跃者，他们善于主动同陌生人打招呼，并努力与对方加深关系，人与人之间才有了交往，世间才多了许多温暖。那些主动的活跃者往往是最有收获的人。他们朋友多、交际面广，做事情时会有很多朋友给予支持和鼓励。

要想获得更多的朋友，得到更多人的帮助，就要能够积极主动地去结交陌生人，主动向对方伸出友谊之手。

具体来说，应当做到以下几个方面。

1. 进行自我激励

与陌生人交往有心理压力是正常的。这时，可以这样鼓励自己：我社交的能力虽然差些，但别人开始时也是这样；任何事情，开始都不见得能做好，大家都一样，经过努力，情况会变好的。

2. 进行自我安慰

如果遇到一些很出色的人，我们很容易产生不自信和心理压力，担心对方看不起自己，拒绝与自己交往。这时，可以这样考虑：他虽然是出色的，但自己在他面前也不是一无是处。人无完人，他在某些方面可能优于我们，但另一些方面我们也可能是优于对方的。

3. 有意识地去磨炼

在日常生活中，有意识地多进行实际锻炼，是消除心理障碍的最有效方式。熟能生巧，即使不擅长社交的人，磨炼多了也就慢慢掌握了其中的技巧，自然就会消除心理障碍，沟通便不再成问题了。

沟通处方

有些时候，人们在遇到困难时往往羞于向他人求助，你在这时挺身而出，主动帮助需要帮助的人，对方就会对你充满感激之情，将你视为知己。

◆ 关心对方才能赢得对方

沟通案例

一家公司设立了两个销售部。

甲销售部的一个销售人员问自己的部门主管："我每天都努力工作，为什么总找不到顾客？"

主管很不耐烦地回答说："如果能这么容易找到顾客，我还找你干什么？"

销售人员听完后无语，心里很沮丧。

乙销售部的一个销售人员也问自己的部门主管："我每天都努力工作，为什么总找不到顾客？"

主管拍拍销售人员的肩膀，说："好问题！这说明你是一个既勤快又爱思考的人。遇到这样的困惑，你是怎么想的？"

销售人员沉思了一会儿，说："我想，也许是我对顾客不了解，总是发现不了他们的需求。"

主管又问："那你有没有什么办法呢？"

销售人员想了想，顿悟道："明白了，我知道该怎么做了。谢谢您！"

主管满意地点了点头。

每个人都有被尊重和被认同的需求。人们是否感受到自己被尊重、被认同，很大程度上取决于自身的感受有没有被人关注。

如果你爱上一个人，你就会对他的感受和情绪非常敏感，想尽办法让他时时刻刻都感觉到你很关心他、在乎他。对于一个陌生人，如果你根本就不注意他，也就不会关注他的感受。

关注对方的感受，才是真正地尊重对方、重视对方。只有关注对方的感受，才能让对方从心里接受你、信任你，愿意听取你的意见和建议。关注对方的感受是一把钥匙，能够打开与人交往的大门。

如果我们不去理会他人的感受，也不理解他人的想法，就容易让对方感觉不舒服。即使是自己认为快乐、幸福的东西，如果不考虑对方是不是喜欢，愿不愿意接受，就强加于人，对方往往是不会领情的。

在现实生活中，人们的感受常常不容易被发现。有时，人们还会把自己的感受刻意隐藏起来。这是人们保护自己的习惯，也成为交往的障碍。我们只有靠关注对方的感受，才能打开对方的心门。

被尊重的需求就像空气和水一样时刻被需要，无论谁都如此。这种需求并不会因为年龄增长、感情加深、关系密切而减少，相反，这种需求会更强烈。时刻关注人们对尊重、认可、重视的渴望，充分满足人性的需求，千万不可掉以轻心。

当你和很熟悉的人相处，开始觉得"无所谓"时，你要有一种"紧张感"：提醒自己时刻关注他的感受，千万不要"口无遮拦，语出伤人"。

当你尊重和认可了他人，你会收获很多。比如，事情进展得更顺利，节省更多的时间，减轻更多的压力。同时，你会乐于聆听别人的意见，获得更多启发或方法，增加更多成功的机会，也会为你赢得他人的尊重与认可。

每个人的一生都会面对许许多多的陌生人。对于我们的亲人、朋友付出关心并不难，然而，要对陌生人付出关心，就不是一件简单的事情了。但是，关心对方才能赢得对方，才能打破沟通的障碍。

"魔术之王"塞斯顿周游世界，一再创造出各种幻象，令观众如痴如醉、惊奇不已，受到数千万人的欢迎，获得了巨大的成功。

塞斯顿说，不是他的魔术技艺高人一等。他认为关于魔术的书已经有几百种，而且有相当多的人知道的魔术同他一样多，但他却有其他人所没有的独到的优点：他在舞台上能够展现自己的个性，有打动观众的独特风格。

塞斯顿是一位表演天才，他了解人类的天性。他的每个手势、每种声调、每一次扬起眉毛，都是提前练习好了的，因而他的每一个动作也都配合得天衣无缝。更为重要的是，塞斯顿真心关心观众的感受，能够为观众付出所有的热情。

有些技艺高超的魔术师认为观众是一群笨蛋，能够被自己骗得团团转。但是，塞斯顿却完全不那样认为。他每次上台前都会对自己说："感谢这些人看我的表演，是他们使我过着舒适的生活。我一定要尽力为他们演出最好的节目。"塞斯顿就是这样一位用关心赢得观众喜爱的艺术家。

实际上，如果你能够真心实意地关心别人，那么你的生活将顺利很多，别人对你的帮助必将使你大为受益。

在生活中，大多数人往往苦叹不知如何与陌生人消除彼此的隔阂，进而使双方熟悉，开始交往。每个人都想博得他人的关心与认可，但是却忽略了对别人的关心与认可。人与人之间的关系是相互的：你敬我一尺，我就敬你一丈；你不关心别人，别人也不会关心你。

假如你有只想让别人注意自己，让别人对你感兴趣的想法，你就永远也不会有许多真挚而诚恳的朋友。如果你试着用心去关心别人，那么即便是陌生人也会成为你的朋友。要使别人喜欢你或者建立真正的友情，得到别人的帮助，生活更加愉快，那么就请从改变自身开始：真诚地关心别人，爱护别人。

沟通处方

你关心和爱护对方，对方感受到你在意他和尊重他的感受，就会乐意与你交往，同时也会反过来更加关心和爱护你。

第三章 深入沟通的前提是了解对方

不清楚对方的真实想法，无论怎么交流，你都不可能达到有效的沟通目的。只有明白对方的想法是什么，是怎么想的，你才能与对方深入地进行沟通。

◆ 成功的交谈始于恰当的话题

沟通案例

一位年轻女子在一个首饰店的柜台前看了很久。售货员问了一句："这位女士，您需要什么？"

"我随便看看。"女子的回答好像有点心不在焉，可她仍然在仔细观看柜台里的陈列品。此时，售货员如果还找不到和顾客共同的话题，就很难营造买卖的良好气氛，可能就会使到手的生意泡汤。

然而，细心的售货员忽然间发现女子的上衣别具特色："您这件上衣好漂亮呀！"

"噢！"女子的视线从陈列品上移开了。

"这种上衣的款式很少见，是在隔壁的百货大楼买的吗？"售货员满脸热情，笑呵呵地继续问道。

"当然不是。这是从国外买来的！"女子终于开口了，并对自己的回答颇为得意。

"原来是这样，我说怎么在国内从来没有看到这样的上衣呢。说真的，您穿这件上衣，确实很吸引人。"售货员不失时机地称赞道。

"您过奖了。"女子有些不好意思了。

"只是……对了，可能您已经想到了这一点，要是再配一条合适的项链，效果可能就更好了。"聪明的售货员终于顺势转向了主题。

"是呀，我也这么想，只是项链很昂贵，怕自己选得不合适……"

"没关系，我来帮您参谋一下……"

聪明的售货员正是巧妙运用了沟通的艺术，搭起相识的桥梁，然后顺势引导那位陌生的顾客，最终成功地推销了自己的商品。

初次与陌生人见面，就要找到一个合适的话题，使谈话融洽自如。好话题，是初步交谈的媒介、深入沟通的基础、开怀畅谈的开端。

与陌生人交谈，一般情况下，是从天气、籍贯、兴趣和衣着等方面着手，而且这些问题也不易触及对方的敏感处。

在社交场合中，每一个社会成员都有一个特定的角色。交谈是社会成员所处的特定角色的重要表现形式。由于交流的对象、气氛、环境不同，谈话的内容和方式也应灵活机动、不断调整。能够在任何条件下坦然与人交谈并获得别人的好感，这就说明你掌握了谈话的技巧。

成功的交谈有赖于对话题的选择，话题选得恰当，交谈就融洽自如；话题选择得不恰当，交谈就受到阻碍。所谓话题，就是谈话的中心。话题的选择反映着谈话者品位的高低。选择一个好话题，可使谈话的双方找到共同的语言，往往就预示着谈话成功了一大半。好话题的标准是：至少有一方熟悉能谈，大家感兴趣爱谈，有展开探讨的余地。要使交谈顺利进行，就要找到双方共同感兴趣的话题，而不能只从自己的兴趣出发，要更多地从对方的兴趣入手。

比如，你对足球情有独钟，而对方则爱好摄影。这时，你就不要津津乐道地讲足球比赛，最好以摄影为话题。如果你对摄影略知一二，那肯定谈得投机；如果不太熟悉，那也是个学习的机会，可静心倾听，适时提问，借此增长知识，开阔眼界。一个话题只有让对方感兴趣，交谈才有可能深入下去。

交谈中除注意选择话题外，还应该学会适时发问。发问可以引导交谈按照预期的目的进行，调整交谈的气氛。由于人的知识水平不同，所处的社会环境不同，我们必须仔细观察，了解对方的身份，以使提的问题得体、不唐突。精妙的提问能使你获得所需的信息、知识和利益，并且能够证明你十分重视对方的谈话，从而激起对方的兴趣，促使其向你提供更多的信息。

交谈中最忌讳的就是一方滔滔不绝地高谈阔论，一味地说教，借题发挥，炫耀自己。交谈时要注意以平等的态度礼貌待人，应设法使在座的每个人都有机会参与谈话，这是对人的一种理解和尊重。因为无论在座者的身份地位如何、性格爱好如何，都希望别人不要忽视他。

在交谈中，要充分重视对方的谈话。听对方说话时目光要始终亲切地注视对方，用眼神和表情表示出你热诚专注的态度，要聚精会神、专心致志地听，不要随意打断对方的谈话。这样，对方就会觉得受到尊重，并认为你对他的话感兴趣，对你也会产生好感。

有时，对方谈论的一些话题你已十分熟悉，出于礼貌，应保持耐心，不要露出不耐烦的神色。有时，对方谈的话题对你而言完全陌生，很难听出兴味，但出于尊重对方，也应静心倾听。

听人说话，不能只是被动接受，听者应细心体会对方的感受，及时地做出积极的反应，以鼓励对方继续谈话的兴趣。在对方谈话时，可用赞同、复述对方话语、简短评论、提问等有声语言来表示，比如，"你说得对""确实是这样""我也有同感""你说得太有趣了"等，还可以用点头、微笑等态势语言来示意。目的是表明自己在用心倾听、积极思考，对方会受到鼓舞，提高说话的兴致，这样会将交谈愉快地进行下去，自己从中也可获得更多的信息。

人们听话的反应比说话要快，因此在听人讲话的过程中总有一定的时间空隙可以思考。一个注意倾听且善于倾听的人，会利用这些空隙暗自思考，回味对方说话的内容，进行分析、归纳和概括，明确中心，切实抓住要点。一般来说，交谈中对方说话是直截了当的，其说话的意图和内涵是比较容易理解和把握的。但是，在人际交往中，出于种种原因，有时候对方的某些意思是通过委婉含蓄，或闪烁其词的话语表达出来的。这潜藏其中未明白说出的深意就是平常所说的言外之意，倾听者必须留意对方说话的语气、声调、用词、神态和谈话的背景，并通过这些仔细去体会对方的言外之意，才能真正理解对方说话的意图，从而做出正确的判断和回应，以加强双方交流沟通的效果。

交谈中的语言往往是临场发挥的，这就需要高度的机智和灵活性。尤其是在各种有目的的谈判或是针锋相对的辩驳中，要求谈话者要有机敏的应变能力。

为了进行愉快的交谈，还需要设法营造出一个轻松和谐的谈话氛围。有些人与熟人在一起时，谈天说地，无拘无束，兴致很高；而一见陌生人，就紧张拘谨，无法张嘴说话。其实，一个人说话的胆量大小，说话水平发挥得如何，往往与所处的环境气氛有关。交谈的气氛沉闷压抑，人的情绪提不起来，觉得乏味，自然也就失去了谈话的兴趣；而交谈的气氛宽松，人的兴致便高，谈兴也较浓，就会放下包袱，畅所欲言。而且，在宽松的气氛中，也容易说服对方接受自己的观点，使交谈获得意想不到的效果。

善于运用新鲜、生动活泼的话语，化平淡为有趣，化沉闷为笑声，能为交谈增添一份轻松、祥和、欢乐的气氛，让听者在说笑中明白某件事和某种道理。

与人交往时，只要你主动、积极地同对方交流、沟通，并用心逐渐摸索、试探，总会找到对方感兴趣的话题。

沟通处方

由于交流的对象、气氛、环境不同，谈话的内容和方式也应灵活机动，不断调整。能够在任何条件下坦然与人交谈并获得别人的好感，这就说明你掌握了谈话的技巧。

◆ 从对方感兴趣的话题谈起

沟通案例

伽利略年轻时就立下雄心壮志，要在科学研究方面有所成就。他希望得到父亲的支持和帮助。

他对父亲说："爸爸，我想问您一件事，是什么促成了您同母亲的婚事？"

"我看上了她。"父亲平静地说。

伽利略又问："那您有没有娶过别的女人？"

"没有，孩子。家里的人要我娶一位富有的女士，可我只钟情于你的母亲。她从前可是一位风姿绰约的姑娘。"

伽利略说："您说得一点也没错，她现在依然风韵犹存。您不曾娶过别的女人，因为您爱她。您知道，我现在也面临着同样的处境。除了科学以外，我不可能选择别的职业，因为我喜爱的正是科学。别的对我而言毫无用途、也毫无吸引力。难道要我去追求财富、追求荣誉？科学是我唯一的需要。我对她的爱犹如对一位美貌的女子的倾慕。"

父亲说："像倾慕女子那样？你怎么会这样说呢？"

伽利略说："一点没错，亲爱的爸爸，我已经18岁了。别的学生，哪怕是最穷的学生，都已想到了自己的婚事，可我从没想过那方面的事。我不曾与人相爱，我想今后也不会。别的人都想寻求一位标致的姑娘作为终身伴侣，而我只愿与科学为伴。"

父亲始终没有说话，仔细地听着。

伽利略继续说："亲爱的爸爸，您有才干，但没有胆量，而我却兼而有之。为什么您不能帮助我实现自己的愿望呢？我一定会成为一位杰出的学者，获得教授身份。我能够以此为生，而且比别人生活得更好。"

父亲为难地说："可我没有钱供你上学。"

"爸爸，您听我说，很多穷学生都可以领取奖学金，这钱是公爵宫廷给的。我为什么不能去领取一份奖学金呢？您在佛罗伦萨有那么多朋友。您和他们的交情都不错，他们一定会尽力帮助您的。也许您能到宫廷去把事办妥，他们只需问一问公爵的老师奥斯蒂罗·利希就行了。他了解我，知道我的能力……"

父亲被说动了："嘿，你说得有道理，这是个好主意。"

就这样，伽利略最终说动了父亲，并通过努力实现了自己的理想，成了一名伟大的科学家。

人与人的沟通，很难在一开始就产生共鸣。当我们试图说服别人，或对别人有所求的时候，最好从对方感兴趣的话题谈起，不要太暴露自己的意图，而是让对方一步步赞同你的想法。在对方深入了解了之后，便会不自觉地认同你的观点。

有时，如果以对方身边的第三方为话题，那么，谈话就会更顺利。

某食品公司的业务员秦小姐，每当与人交谈不顺利时，就会巧妙地将话题转向对方的家庭或孩子。有一次，她接待了一位表情严肃、不苟言笑的客户。

秦小姐说："令郎现在读小学吧？"听到这句话，那位客户表情立刻发生转变，笑着回答："是啊！小家伙可调皮了。"

秦小姐就是通过将与那位客户有着血肉之亲的孩子作为话题，成功地完成了在洽谈之前的"情感交流"。

与陌生人交流，要把握好火候，既要以情感人又要以客观事实为依据。如此交谈下去，就会顺利很多。

沟通处方

当我们试图说服别人，或对别人有所求的时候，最好从对方感兴趣的话题谈起，不要太暴露自己的意图，而是让对方一步步赞同你的想法，与你产生感情上的共鸣。在对方深入了解之后，便会不自觉地认同你的观点。

◆ 了解对方的兴趣，并迎合它

沟通案例

欧阳小姐是一家房地产公司总裁的公关助理，奉命聘请一位著名的园林设计师为本公司的一个大型园林项目做设计顾问。但是，这位设计师已退休多年，且性情清高孤傲，一般人很难请得动他。

为了博得老设计师的欢心，欧阳小姐事先做了一番调查。她了解到老设计师平时喜欢作画，便花了几天时间读了几本中国美术方面的书籍。她来到老设计师家中。刚开始，老设计师对她态度冷淡。欧阳小姐就装作不经意地发现老设计师的画案上一幅刚画完的国画，便边欣赏边赞叹道："老先生的这幅丹青，景象新奇，意境宏深，真是好画啊！"一番话使老先生升腾起愉悦感和自豪感。

接着，欧阳小姐又说："老先生，您是学清代山水名家石涛的风格吧？"这样，就进一步激发了老设计师的谈话兴趣。果然，他的态度转变了，话也多了起来。欧阳小姐对所谈话题着意挖掘，环环相扣，使两人的感情越来越近。终于，欧阳小姐说服了老设计师，出任其公司的设计顾问。

初次见面的人，如果能用心了解对方的兴趣、爱好，就能缩短双方的距离，加深彼此的好感。对不懂行的人来说，似乎觉得谈论嗜好是非常无聊的，殊不知热爱此道的人，却觉得有无限的乐趣。兴趣爱好截然不同的人，无异于是处在两个世界。要他们在一起闲谈的话，彼此都会觉得乏味。

想要得到对方的好感，我们应该设法了解对方的兴趣，然后才能使谈话投机。平时我们与别人谈话，如果发现彼此兴趣相投，不由得就会产生几分亲近感，谈话也就变得十分愉快。

有一位酷爱高尔夫球运动的保险公司业务员，碰到了喜欢高尔夫球的客人，就大谈打高尔夫球的话题，很少提及保险方面的事情，结果反而在这些人中签下了许多保险单。彼此情投意合，自然会成为好伙伴。

无论是在哪种场合下与人交往，总是可以通过很多渠道了解到对方的喜好。对他人喜好之物表示兴趣，可以顺利地达到沟通的目的。

要想迎合对方的兴趣，不适合主动挑起话题，更多的要用暗示，表明是不经意和他人的兴趣爱好相一致，这样才能令他人兴奋。如果主动挑起话题，往往达不到效果。比如说，面对一个喜欢写诗的人，你要是主动去和他大谈特谈写诗，他可能很厌烦，因为这方面他是专家，你所说的在他看来一句都不在点子上。如果你无意中表示出兴趣来，让他来谈诗，你们的沟通就会很顺利。不经意地表达出和别人一样的兴趣爱好，会让别人主动趋近自己。

著名口才大师卡耐基说："即使你喜欢吃香蕉、三明治，但是你不能用这些东西去钓鱼，因为鱼并不喜欢它们。你想钓到鱼，必须下鱼饵才行。"

说服别人的诀窍就在于，迎合他的兴趣，谈论他最为喜欢的事情。聪明的人在说服别人的时候，懂得迎合别人的嗜好，这样能让对方感觉到受重视、受尊重。当然，这个"迎"，一定要迎合得巧妙，不能让对方看出任何破绽。愚蠢的人在说服别人的时候，只谈论自己，从来不考虑别人。这样的人永远不会得到别人的认同。

每个人都有自己感兴趣的东西。比如，有的人喜欢篮球，有的人喜欢军事，有的人喜欢音乐，有的人对演艺圈的八卦新闻感兴趣，有的人对书法绘画感兴趣，有的人对烹调食物感兴趣，有的人对神秘现象着迷，等等。总之，每个人都有一项或多项的兴趣，会说话的人在说服别人的过程中，懂得迎合别人的兴趣。

你要别人怎么待你，就得先怎样待别人。那么，如果你想让别人对你感兴趣，那就要先对别人感兴趣。

一些人在推销节油汽车时，一见顾客就开门见山地说明这种汽车可为顾客省很多汽油等等，结果往往会招致反感，吃闭门羹。

段小姐是一位节油汽车推销员。她常常会这样开头："先生，请教一个您所熟悉的问题，增加贵店利润的三大原则是什么？"

客户对这种话题肯定十分乐意回答。他会说："第一，降低进价；第二，提高售价；第三，减少开销。"

段小姐会立即抓住第三条接下去说："您说的句句是真言。特别是开销，那是无形中的损失。比如汽油费，一天节约20元，您想过有多少吗？如果贵店有3辆车，一天节省60元，一个月就有1800元。发展下去，10年可省21万元。如果能够节约而不节约，岂不等于把百元钞票一张张撕掉？如果把这笔钱放在银行，以5分利计算，一年的利息就有1万多元。不知您有何高见，觉得有没有节油的必要呢？"

听了段小姐的话，对方就会自觉地想到不能再"浪费"下去了，而要设法用节油车，以结束这种恶劣状况，最终购买她的节油汽车。

沟通处方

我们与别人谈话时，如果发现彼此兴趣相投，不由得就会产生几分亲近感，谈话也就变得十分愉快。因此，与人交往想要得到对方的好感，我们首先要设法了解对方的兴趣，然后迎合它。

◆ 以平等思维说服别人

沟通案例

王家与赵家是邻居。王家老是吵架，赵家则是内外融洽。

日子久了，王家很纳闷，就询问赵家："为什么我们家天天吵架，永无宁日，而你们家一团和气，从来没有纠纷呢？"

赵家的人说："因为你们家都是好人，所以总是吵架；而我们家都是'坏人'，所以吵不起来。"

"这是什么意思？"

"比方说，有人打破了花瓶，你家的人都觉得自己没有错，错在别人，一味地指责别人的不是，自然就争执不休了。我们家的人怕伤害到家人，宁可先认错。打破花瓶的人马上道歉：'对不起！对不起！是我太不小心了。'对方也立刻自责：'不怪你！不怪你！都怪我把花瓶放在这里。'人人承认错在自己，关系自然就和谐了。"

我们生活在社会群体中，人与人之间发生矛盾、产生误解是常有的事。如何处理好这方面的问题，我们的祖先留下了许多闪光的思想和可供借鉴的经验。明代朱衮在《观微子》中说过："君子忍人所不能忍，容人所不能容，处人所不能处。"在为人处世上动辄发怒使性子的人，最终毁掉的不仅仅是自己的风度，还包括自己的前途。

被人误解时不要太委屈，错的是别人，不是自己，相信事情真相终会大白。当我们做错了事免不了会受到责备时，先冷静下来，从自我意识中深刻地反思，这样就不至于发生争吵。

在人与人相处的过程中，有的人常会抱怨、批评对方难以沟通，认为别人无法理解自己的想法，因而产生诸多争执。这是因为对沟通的真实意义有认知上的错误。他们认为沟通就是要让别人接受自己所希望、所预期的一切结果，但他们往往却忘了要体察别人的需求和想法。

人与人相处时，如果彼此意见相左，应该先放下自己的看法、意见，以接纳的心去倾听对方真正的想法与需要，然后再看自己的想法与对方想法和需要之间的差异。然后再依据对方的经验，以其能理解及接受的语言模式来表达自己的看法。沟通对象的认知取决于其教育背景、生活环境、过去的经历以及他的情绪等因素。如果没有意识到这些问题的话，以对方无法理解的语句来表达意见，只会让对方思路杂乱，那样的沟通将会是没有结果、没有成效的。

如果我们不善于尊重说话者的观点，那我们可能会错过很多机会，而且无法和对方建立融洽的关系。因此，我们要尊重说话者的观点。

尊重说话者的观点，可以让对方知道我们一直在听，而且我们也听懂了他所说的话。虽然我们不一定同意他的观点，但是我们还是很尊重他的想法的。若是我们一直无法接纳对方的观点，就很难和对方建立融洽的关系。除此之外，尊重说话者的观点，也能够帮助说话者建立自信，使他更能够接纳别人不同的意见。

要做到尊重别人的观点，首先自己要有很高的修养，有大度的胸怀，能容忍他人，能宽容他人，能求同存异，少计较个人得失，多考虑大局利益。

每个人都有自己的立场与价值观。当对方说话时，我们必须站在对方的立场，仔细地倾听他所说的每一句话，即使不认同也要包容，不要用自己的价值观去指责或评判对方的想法。我们要包容那些意见跟我们不同的人，这样才能与对方保持良好的沟通。

很多人希望把自己的观点告诉别人，希望把自己好的建议介绍给别人。很多时候，往往自己觉得说得很有道理，而且明明是对对方有好处的，但是对方却总是不相信，即使自己说得再有道理，对方也好像总是将信将疑，不能彻底相信。这是因为，沟通中，如果只愿意给别人灌输自己的观点而不愿意听取别人的意见，就会阻碍沟通的进行。

如何能让一个人心甘情愿地接受自己的意见和建议，得到自己的帮助呢？最好的说服不是在嘴上说服，而是从心上说服。为了解决这个问题，我们在这里介绍给大家一个以平等思维说服人的模式。利用平等思维说服，对方会觉得你提给他的建议是他自己的选择，而不是被你说服了。

1. 理解和接纳对方的观点

每个人在成长过程中，学到了不同的东西，有各自不同的经验，形成了自己的一套知识和经验系统。基于这套知识和经验系统，形成了稳定的判断事物的标准。他所有的选择都是基于这种标准判断的。

当你想把自己的观点介绍给别人，试图劝服对方的时候，首先要接纳和理解对方的观点。这时候，对方才会跟你和谐相处，才容易接受你的观点。

2. 展示另外的选择

短期来看，人们看待事物和评判事物的标准是稳定的。但从长期来看，人们在不断接受的新知识和新经验会不断地影响着人们的心，改变着人们的判断标准。

要想改变一个人的判断，可以有两种方法：一是改变这个人的判断所依据的条件；二是改变这个人的判断标准背后的知识和经验系统。

改变人们的判断所依据的条件是一个解决问题的好办法。人们由于有不同的知识和经验系统，他们看问题的角度也往往不同，所以，在看待同一事物的时候，往往会看到不同的结果，他们依据这些结果来判断事物，当然会得出不同的结论。

改变人的判断标准背后的知识和经验系统，就要长期让这个人接受正向的熏陶，这就是所谓的近朱者赤、近墨者黑的道理。

3. 尊重对方的选择

当对方已经看到了我们提供的选择的时候，他如果还是选择原先的做法，我们当然要尊重对方。

沟通处方

如果我们不善于尊重说话者的观点，那我们可能会错过很多机会，而且无法和对方建立融洽的关系。

◆ 迎合对方的需求

沟通案例

一次，在李莲英的保荐下，醇王特地在宣武门内太平湖的府邸接见盛宣怀，向他垂询有关电报的事宜。

盛宣怀以前没有见过醇王，但与醇王的门客"张师爷"私交甚密，从他那里了解到醇王两个方面的情况：其一，醇王跟恭王不同，恭王认为中国要跟西洋学，醇王则认为中国人不比西洋差；其二，醇王虽然好武，但自认为书读得不少，诗文颇具文采。

盛宣怀了解情况后，就到身为帝师的工部尚书那里抄了些醇王的诗稿，背熟了好几首，以备"不时之需"。毕竟"文如其人"，盛宣怀还从醇王的诗中悟出了些醇王的心思，胸有成竹之后，盛宣怀前来谒见醇王。

当他们谈到电报这一名词的时候，醇王问："那电报到底是怎么回事？"

"回王爷的话，电报本身并没有什么了不起，全靠活用，所谓'运用之妙，存乎一心'，如此而已。"

醇王听他能引用岳武穆的话，不免另眼相看，随即问道："你也读过兵书？"

"在王爷面前，怎么敢说读过兵书？不过英法内犯，文宗皇帝西狩，忧国忧民，竟至于驾崩。那时如果不是王爷神武，力擒三凶，大局真不堪设想了。"盛宣怀略停了一下又说，"那时有血气的人，谁不想洗雪国耻，宣怀也就是在那时候自不量力，看过一两部兵书。"

盛宣怀真是三句话不离醇王的"本行"，他接着又把电报的作用描绘得神乎其神。醇王也感觉飘飘然，后来醇王干脆把督办电报业的事托付给了盛宣怀。

如果一个人特意要去结识一个从未打过交道的陌生人，应当把这一过程当成一次人生的挑战，事先做好充分的准备。可以通过多种渠道了解对方的背景、经历、性格、好恶，在对对方基本情况了如指掌的前提下，设想有可能出现的问题，做好以不变应万变的心理准备。然后，在交往之中针对对方的特点有的放矢，从而赢得对方信任。

与人交谈，若能使对方与你产生思想上的共鸣，碰撞出激烈的火花，就表明你的话打动了对方，触动了对方的心弦。这就能很容易地与对方建立起良好的交往关系。

同样的话在不同的时间和场合说，就会产生不同的效果。要想使自己的话在对方的心里有一定的分量，就必须把握说话的最佳时机。这就需要我们用耳朵认真听，用眼睛仔细看，用大脑全面分析，寻找最合适的机会表达想法，那么成功的沟通就不是难事了。

找准时机，把话说到人心里去，自然能促进沟通的顺利进行。如果在此基础上，我们能掌握说话的方法，把一句话说好、说巧，符合对方的"品位"，那必将会使谈话锦上添花。不恰当的说话方式不仅会影响表达效果，甚至可能给自己带来不必要的麻烦，这就应了我们经常听到的一句话：祸从口出。

明代开国皇帝朱元璋，出身贫寒，少年时代就给地主家放牛，为了填饱肚子甚至出家为僧。但朱元璋胸有大志，历尽坎坷，终于成就了一代霸业。

朱元璋当上皇帝后，一天，当年一块儿玩耍的伙伴前来拜见。他见到朱元璋高兴极了，生怕朱元璋忘了自己。于是，他指手画脚地在金殿上高声说："我主万岁！您还记得吗？那时候，咱俩都给人家放牛。有一次，我们在芦苇荡里把偷来的豆子放在瓦罐里煮着吃。还没等煮熟，大家就抢着吃，把罐子都打破了，撒了一地的豆子，汤都泼在了泥地里。你只顾从地下抓豆子吃，结果被红草根卡住了喉咙。当时，还是我出的主意，让你吞下一把青菜，才把那红草根带进了肚子里。"

当着文武百官的面，自己当年的狼狈相被人和盘托出，朱元璋又气又恼，只好喝令左右："哪里来的疯子，来人，把他轰出去。"会说话的人能一句话说得人笑，不会说话的人一句话说得人跳。话不投机半句多，言逢知己千句少。要想在沟通中处于优势，首先要打开对方的心门，能把话说到对方的心坎里。

我们可以提前做些功课，多了解对方一些情况，从对方所思所想入手，定能"言到功成"。

沟通处方

从对方的需要入手，迎合对方的需要，你才更容易与对方搭建起顺畅的沟通平台。

◆ 换位思考，学会变通

沟通案例

知识青年柳荷在下乡过程中与农民马明喜结良缘，生下了一个儿子。

后来，知青返城，柳荷与昔日的恋人重逢，想与他重修旧情，却遭到爸爸的反对。

正当她犹豫之际，丈夫马明含冤入狱。不知何去何从的柳荷，只有向奶奶寻求帮助。

"你的事我已经知道了，现在你有什么打算呢？"奶奶慈祥地问道。

柳荷为难地说："不知道，奶奶，我……我说不出来……"

奶奶说："我知道你很委屈。可是，做人哪有一帆风顺的，谁能没点委屈的事呀？奶奶年轻的时候，你爷爷就牺牲了，撇下我们孤儿寡母不管。村里的人都劝我改嫁，你曾爷爷也对我说：'女儿啊，地头还长着呢，再往前走一步吧。'可是，我却不想那么做，最后还是咬着牙过来了。儿子一个个长大成人，参了军，又一个个地死在战场，可我却从来没有在人前掉过一滴眼泪。"

柳荷说："我的人生道路还那么长，以后的路该怎么走啊？"

奶奶继续说："孩子啊，不要只考虑到你自己。前半夜想想自己，后半夜想想别人。你和那个小伙子是情投意合，也很般配，可是就算你俩在一起了，你日子过得舒心了，那马明他们父子呢？你吃着蜜糖，可人家在喝苦水呀。你的心里会舒坦、会好过吗？你虽吃着蜜糖甜在嘴上，可苦在心里啊。甜的苦的掺和在一起，一辈子都是块心病。俗话说，'人'字好写，却难做啊！"

柳荷擦了擦眼泪对奶奶说："我懂了，奶奶。我太自私了。今天我就赶回家去带孩子，侍候公婆，等着马明回来。"

换位思考是人对人的一种心理体验过程。将心比心，设身处地，是达成理解不可缺少的心理机制。它客观上要求我们将自己的内心世界，如情感体验、思维方式等与对方联系起来，站在对方的立场上体验和思考问题，从而与对方在情感上得到沟通，为增进理解奠定基础。人与人之间要互相理解、信任，并且要学会换位思考，这是人与人之间交往的基础。我们要学会互相宽容、理解，多去站在别人的角度上思考。

生活中，我们经常要进行换位思考，往往是因为我们遭遇到苦恼与挫折，惯常的思维使我们无法摆脱困扰，除了造成心理上的伤痕之外，还会导致行为上的偏差。我们要从生活自身的逻辑出发，学会变通进取，换一种立场看问题，从失败和挫折中不断总结经验，产生创造性的变迁。

通过换位思考，我们可以突破固有的思维习惯，学会变通，解决常规性思维下难以解决的事情；通过换位思考，我们可以了解别人的心理需求，感受到他人的情绪，将沟通进行到底；通过换位思考，我们可以揣摩到对方的心理，达到说服对方的目的；通过换位思考，我们可以欣赏到他人优点，并给予对方真诚的鼓励，使团队运作和谐高效。

换一个角度看问题，往往能够带来新鲜的感觉，带来另一种分析结果，甚至改变自己的思维和判断，让自己的工作、生活充满活力。

1. 换位思考，要学会理解他人

理解说起来很简单，要做起来却很难。每个人都有自己的人生观与价值观，所以自己的想法当然与别人的有所不同。在我们的工作、生活中，时常遇到这样一些人，他总认为自己苦闷、烦恼、忧郁，同事、家人都不能理解，给自己造成很大的心理压力。这就是缺乏人与人之间的交流和心与心之间的沟通。

我们如果都能够换位思考，站在别人的立场去考虑问题，这样也许就能真正地理解。只有理解了，才是沟通的前提，也会大大提高沟通的效率，这样也许就能够事半功倍。

2. 换位思考，学会宽容他人

有人说，宽容是一种修养，一种处变不惊的气度，一种坦荡，一种豁达。

我们需要宽容同事，宽容对手。多一些宽容，公开的对手或许就是我们潜在的朋友。换位思考，需要我们进行角色的转换。如果工作中产生了摩擦，应当把自己和对方所处的位置关系交换一下，站在对方的立场上，以他的思维方式或思考角度来考虑问题。这样，当你本来想发怒的时候，通过换位思考，你的情绪就会变得平静下来；当你觉得对方不可理喻的时候，通过换位思考，你会真切地理解他此时此刻的感受；通过换位思考，你也会变得宽容。

沟通处方

人与人之间要互相理解、信任，并且要学会换位思考，这是人与人之间交往的基础。我们要互相宽容、理解，多去站在别人的角度上思考。

第四章　会沟通的人想人之所想

与对方进行沟通，要使对方保持谈话的欲望和热度，最重要的是要把话说到对方的心坎上，这样对方才会乐意与你继续沟通。

◆ 巧用反语表达主张

沟通案例

春秋时期，齐景公很喜欢打猎，便让人养了很多老鹰和猎犬。

一天，负责养老鹰的人，不小心让老鹰跑了一只。齐景公大怒，要下令斩杀这个人。这时，大臣晏子闻讯赶到。晏子看到齐景公正在气头上，怒不可遏，便请求齐景公允许自己在众人面前尽数此人的罪状，好让他死个明白，以服众人之心。齐景公答应了。

于是，晏子就当着齐景公的面，一边指着那个人，一边扳着手指大声地斥责道："你为大王养鸟，却让鸟飞了，这是你的第一条罪状；你使大王为了几只鸟而杀人，这是你的第二条罪状；杀了你，让天下诸侯听了这件事，责备大王重鸟轻人，这是你的第三条罪状。以此三罪，你是死有余辜。三条大罪，不杀不行！大王，我说完了，请杀死他吧！"

齐景公听着听着，听出了其中的意思，转怒为愧，停了半晌，才慢吞吞地说："不要杀了，先生的话我领会了，放了他吧。"

晏子说的是反话，表面上似乎斥责养鸟人的罪状，实际上是在批评齐景公的"重鸟轻人"，毫无仁慈之心。这种反语的运用，既照顾了齐景公的面子，又把是非说得很清楚，从而使齐景公承认了自己的错误。

有些人非常不讲道理，对于这种人，是不是就没有办法说服他们了呢？答案当然是否定的。只要能把握分寸，摸清底细，思路再开阔一点儿，头脑再灵活一点儿，说话时语气再柔和一点儿，就一定能把这种人扳回头。正话反说就是一种有效的办法。

秦朝宫廷里有个乐使名叫优旃。他滑稽、多谋，常用幽默讽刺的语言批评朝政。

秦始皇死后，胡亥继位。胡亥一上台便打算把整个咸阳的城墙油漆一新，这实在是一件劳民伤财的事。

有一天，优旃乘机问："听说皇上准备油漆城墙，有这件事吗？"

"有。"胡亥说。

"好得很！"优旃说，"即使皇上不说，我也要请求这样做了。漆城墙虽然辛苦了百姓而且要多派税捐，但城墙漆得油光光、滑溜溜的，敌人进攻时怎么也爬不上来，多好啊！要把城墙漆一下不难，难的是找不到一间大房子让漆过的城墙在阴凉处晾干。"

优旃的一席反话，使胡亥打消了油漆城墙的念头。

很多时候，若想能举重若轻、易如反掌地达到自己想要达到的目的，尤其是要表达自己的愤懑、不平或劝诫时，不妨正话反说一下，往往能收到意想不到的效果。

正话反说，有时以亦庄亦谐的形式表达，显得轻松活泼，悦耳动听。

后唐庄宗李存勖没做皇帝之前宵衣旰食，励精图治，做了皇帝之后便沉溺于声色犬马，纵情玩乐了。

一次，庄宗率大队人马到中牟县射猎，踏倒了大片庄稼。当地县令前来劝阻，一下子扫了庄宗的兴致。庄宗下令杀死县令。这时，庄宗跟前的戏子敬新磨站出来，指着县官训斥道："你这糊涂的东西，亏你还当县官！难道你不知道皇上爱打猎吗？"庄宗见敬新磨向着自己说话，高兴得直点头。

敬新磨的斥责更带劲了："你这糊涂的东西，应该把这片田地空起来，让皇上在这儿高高兴兴地打猎，你为什么让老百姓在这儿种庄稼呢？难道你怕老百姓饿肚子吗？怕朝廷收不了税吗？皇上打猎事大，百姓饿肚子事小，国家收不上税事小，难道这点道理也不懂吗？"

庄宗听罢如坐针毡，不是味儿，便命令部下把县令放了。敬新磨巧责皇帝，智救县令，说的全都是反话。他数落县令那番话，有意把意思说反了，听来义正词严，品之别有滋味。

话语可以拨动人们的心弦。有时是正拨，有时是反拨，在一定的语言环境里，反拨往往能表达出强烈的感情，甚至比正面的话显得更有分量，还能表现出一种滑稽风趣的特色，起到"四两拨千斤"的效果。

晋平公射鶠（yàn）雀，没有射死，叫小内侍襄去捕捉，没有捉到。平公大怒，把襄关押起来，还扬言要杀了他。叔向听了这事，连夜进宫去见平公。平公把这事告诉他。叔向说："大王你一定要把他杀掉。从前，我们的先君唐叔在树林射猎兕牛，一箭就射死了，用它的皮做成一副大铠甲，因为才艺出众被封为晋君。现在您继承我们先君唐叔当国君，射只小鶠雀还射不死，捕捉又没捉到，这是在宣扬我们国君的耻辱啊！请您务必赶快杀了他，免得让这件事传到远方去。"晋平公听了很不好意思，于是命人立即把小内侍襄放了。

叔向正话反说，用晋的先祖唐叔勇射兕牛而封晋君的故事，巧妙地对比出晋平公射鹦雀不死还要杀人的无能，使平公悟出了话外之音，幡然悔过。

正话反说，在修辞学上叫作反语，就是人们通常说的反话。反话，使用和本意相反的语句来表达本意，用正面的话表达反面的意思，或用反面的话表达正面的意思。

沟通处方

很多时候，若想能举重若轻、易如反掌地达到自己想要达到的目的，尤其是要表达自己的愤懑、不平或劝诫时，不妨正话反说一下，往往能收到意想不到的效果。

◆ 常怀"空杯心态"

沟通案例

一个对佛学有很深造诣的人去拜访一位德高望重的老禅师。

老禅师的徒弟接待他时，他很是瞧不起，以为自己佛学造诣很深而傲气十足。

后来，老禅师出来了，十分恭敬地接待了他，并亲自为他沏茶。在倒水时，杯子已经满了，可老禅师还是不停地往里倒。

他十分疑惑地问："大师，杯子已经满了，为什么还要往里倒呢？"

大师回答说："是啊，既然已经满了，为什么还倒呢？"

原来，禅师的意思是，"既然你已经对佛学造诣很深了，为什么还要来我这里求教呢？"

这就是我们常说的"空杯心态"的起源，引申出来的意思是说好的心态是做事的前提。如果想学到更多的东西，就必须先把自己想象成"一只空着的杯子"，而不是目中无人、骄傲自满。

进入陌生的工作环境，肯定会有很多不懂的事情，这个时候就要虚心请教，问问题前先多观察身边的现象，多动脑子。在请教别人时，应当带着谦虚的态度。因为你在询问的同时也是在和同事沟通，增进情谊，这是与人交流的过程，而不是一个单纯的获取答案的过程。

当上司取得成绩的时候，他周围有的是赞美声和一张张笑脸。作为下属的你如果也去这么做，就不会引起上司的特别注意。因此，明智的做法是虚心请教，你可以恭恭敬敬地掏出笔记本和铅笔，真心诚意地请他指出你应该如何努力，也可以谈论上司值得骄傲的东西，向他取经。这样做会引起他的好感，使他认为你是一个对他真心钦佩、虚心好学、很有发展前途的人。

尹金成是韩国有名的企业家。他在开始做生意时，几乎什么都不懂，开发了一件新产品，往往不知道该如何定价。于是，他就跑到零售商那里去请教，因为他认为如何定恰当的价钱应该是常与消费者接触的零售商最清楚。

在零售商那里，尹金成出示了新产品，问他们："像这样的东西可以卖多少钱？"他们都会坦诚地告诉他行情。照着零售商的话去做都没错，不必付学费，也不会伤脑筋，没有比这个更划算的。当然，不是什么事情都这样简单，可这是基本的原则。能虚心接受人家的意见，请教他人，才能集思广益。

如果我们能培养这种虚心精神，能虚心接受他人的意见，虚心向他人学习，离成功就不远了。学会了在工作中虚怀若谷的精神，是会受益终身的。只有具备了这样的态度，你才能认识到自己的不足，你才会虚心学习别人的经验，为你的成功赢得砝码。

沟通处方

时刻保持一种虚心求教的态度，才能不断地学习，不断地进步。虚心请教的最大好处就是，通过学习别人的经验和知识，可以大幅度地降低犯错概率，缩短摸索时间，使我们更快地走向成功。

◆ 用对方熟悉的语言沟通

沟通案例

有一个秀才去集市上买柴，看见一个卖柴的人。他就冲卖柴的人喊道："荷薪者过来！"卖柴的人不明白"荷薪者"（担柴的人）是什么意思，但是听得懂"过来"两个字，于是，就担着柴来到秀才面前。

秀才接着说道："其价如何？"卖柴的人很迷惑，不明白这句话的意思，但是知道"价"这个字的意思，于是就告诉了秀才价钱。

这时，秀才又说："外实而内虚，烟多而焰少，请损之（你的柴外表是干的，里头却是湿的，燃烧起来，会浓烟多而火焰小，请减些价钱吧）。"

卖柴的人听完后，担着柴就走了，因为他完全不知道秀才在说些什么。

在社交中，无论你的话多么动听、内容多么重要，沟通最起码的原则是对方能听得懂你的话。如果对方听不懂你的方言，你要尽量使用普通话；对方不明白你讲的术语或名词时，你要转换成对方熟悉的、能理解的语言。如果不顾听者的接受能力和语言习惯，用文绉绉、艰涩难懂的语言，往往既不亲切又使对方难以接受，结果当然会事与愿违。

古希腊寓言中说，舌头这种东西的确像个怪物。它能用最美好的词语来赞誉你，也可以用最恶毒的语言来诅咒你；它能把蚂蚁说成大象，也能把小丑说成国王。这就是说话的威力吧。平常我们看一个人是否有力量，这种力量能否表现出来，在很大程度上也取决于他说话的能力。

说话，几乎是大家天天在做的事情，但善于说话，能清楚地表达自己的意图并使别人乐于接受，却是一件不太容易的事情。当对一个人说话时，你不是想给他传达信息就是想改变他。但对方是否会接受你的意思，换句话说，你沟通的目的是否能够实现，却是另外一回事了。有人不重视这个问题，认为把自己的意思说清楚，沟通的任务就算完成了。其实，沟通是双向的交流，它的成败不取决于你说了什么，而是取决于对方的反应。对方不接受你，那你说得再多也没有任何意义。

我们与别人进行有效沟通，倾听和讲话是必不可少的方式。在交往中，大多数人喜欢表现自己，展示自己的口才，总以为自己说得越多，效果会越好。其实，多说话不一定是好事。一个人如果不听人言，自说自话，那么多半会惹人生厌。

既然喜欢说、不喜欢听是人性弱点之一，那么我们可以充分利用、掌握这一人性弱点，让对方畅所欲言，而自己用心去听。用心倾听，是表示你对对方的关心与重视，这样比较容易赢得对方的好感，因为人们总喜欢与尊重自己、平易近人的人往来。戴尔·卡耐基曾经这样说："专心听别人讲话的态度是我们所能给予别人的最大赞美。你要得到别人的认可，就要让别人表现得比你优越。同时，用心倾听，不是只听到对方的言辞，还要获得那些话里的真正意思，把握对方的心理，知道他需要什么，关心什么，担心什么。只有了解对方的心，自己讲话才会增加说服的针对性。"

当你微笑时，整个世界都在笑，一脸苦相没有人理睬你。在谈话过程中，要对对方的讲话做出积极的反应，表明自己对内容感兴趣。

比如，聆听时，你应该看着对方的眼睛，保持适当的视线接触。不要无故打断对方的讲话。有时候，用点头、微笑或者肯定性的简短回答，比如"是的""很好"等，来表示你的赞同。如果你毫无反应，答话也没有，对方无法肯定你是否在听。在对方讲话时，不要有左顾右盼、乱写乱画、胡乱摆弄纸张或看手表等心不在焉的表现方式。如果对方讲话，而我们却心不在焉，或者我们只听到一半就显得不耐烦，那么双方之间的距离一下子就拉远了。

谈话过程中，要主动使自己的口头语言、身体语言与对方保持一致，也就是对方习惯用什么方式，你就用什么方式配合。这样会给对方一个你很认同他的暗示，使他得到尊重和满足。比如，如果对方正襟危坐、不苟言笑，那你也最好规规矩矩，不要大大咧咧。他要是喜欢打手势，你就用手势去配合。这样即使谈话中一时难以取得一致的意见，但只要和对方配合默契，双方都觉得愿意继续谈下去。

勿轻易使用否定性的语言。所有的陈述都可以使用否定、失望的方式来表达，也都可以用肯定、充满希望的方式来表达。但每个人都喜欢后者，所以你应该使用积极、肯定的语言，给人一种重要、积极向上的感觉。即使是否定的内容，你也可以用肯定的方式，比如曾国藩曾在奏折中将"屡战屡败"改为"屡败屡战"，给人的感觉就不一样。但当你使用"我还不够好""我想我做不到"等消极性、自贬性的语言时，会直接或间接地影响沟通效果。

要"但求同于理，勿求异于人"，即在谈话的内容上，尽量与对方求同存异，尽力扩大共同点，增加共识。

在交谈中或者交谈之前，我们要尽量了解对方。对对方了解得越多，我们谈话的信心就越强。我们在与人交谈的时候，不要以讨论不同的意见为开始，要以强调而且不断强调双方所同意的事情为开始。

对我们所提的问题，要尽可能地让对方总是以"是的"等肯定的方式来回答。一旦对方总是说"是的，是的"，那么他就会忘掉双方间争执的事情，而乐意去做你建议的事情。

征求对方的看法和建议，这也是对对方的一种尊重，而对方也会感到很荣幸。在适当的时候，不要忘记真诚赞美对方几句，这样沟通的效果会更好，因为人人都喜欢赞美。

沟通处方

与人交谈，一般来说应尽可能使用忠实本意且通俗易懂的语言。只有这样，才能使对方感到亲切。尽量避免在同非专业人士沟通的时候使用专业术语，要用沟通对象听得懂、易理解的语言和方式展开沟通。

◆ 说话在精不在多

沟通案例

萧何任丞相时，上林苑中有大片空地。他曾请求汉高祖刘邦让出这大片空地给百姓耕种。刘邦一听萧何居然要缩减自己的园林，很生气。要知道，上林苑可是专供皇帝游玩嬉戏和打猎消遣的园林。

刘邦认为，萧何肯定是接受了百姓和商人的钱财，才公然替他们说话办事的。于是，刘邦下令将萧何逮捕入狱，准备交由廷尉审查治罪。廷尉是专门为皇帝办案子的，为了讨好皇帝，只要皇帝认定某人有罪，廷尉官员就不惜动用大刑迫使犯人认罪。所以，如果真要把萧何交给廷尉处理，那么萧何肯定会被屈打成招的。

就在这危急时刻，有位大臣挽救了萧何。这位大臣上前对刘邦说："陛下是否记得原来与项羽抗争，以及后来陈稀、黥布相继谋反，陛下亲自带兵东征的时候？那几年，只有丞相一个驻守关中，关中百姓又非常拥戴丞相。假如丞相稍有利己之心，那么关中之地就不会是陛下的了。丞相不在那个时候去为自己谋大利，难道会在这个时候去贪占百姓与商人的一点小利吗？"

大臣简单的几句话，说得有理有据，使得刘邦非常惭愧，也深受感动。刘邦意识到由于自己的鲁莽，差点铸成了大错，于是立即下令赦免了萧何，并让其官复原职。

如果有人问我们是否会说话，可能所有人都会觉得可笑至极。只要不是哑巴，我们两三岁的时候就会说话了。不过，那时的我们只是具备了说话的能力。如何把话说得更好、更到位，却绝非我们想象中那般简单。

有个人因为有喜事，在家里请客。时间到了，四位客人到了三位。焦急等待之时，主人忍不住说道："唉，该来的怎么还没来？"

座中一个客人听了，心中十分不快："这么说来，我就是不该来的了？"说着，他站起身就走了。

主人心中暗自叫苦，顺口说道："不该走的又走了。"

另一个客人听了，满面愠色道："难道我就是那个该走又赖着不走的？"说完也含怒而去。

一时间，座中只剩下一个客人。主人赶忙安慰他道："他们两位都误会我了，其实我不是说他们的。"话音还没落，最后一个客人也拂袖而去。

一句话说得让人跳，一句话说得让人笑。同样的目的，表达方式不同，结果就会大不一样。

纵观古今中外的风云人物，无不具有良好的口才。良好的口才让他们在各自的领域里挥洒自如，如鱼得水。可见，良好的口才能让我们充分地拓展自己的学识才华，使个人的魅力熠熠生辉，取得事半功倍之效。

当然，并非每个人都能口吐莲花。我们也没必要个个都像相声演员那样滔滔不绝，但至少我们要把话说到点子上。

小陈和小刘是某单位的两个专职司机。前不久，单位精减人员，两人之中必有一人下岗。于是，单位搞了一个竞争上岗演讲会，让两个人分别谈自己对将来工作的想法。

小陈第一个上场，开始自己的演讲。他说如果自己将来能开车，一定会把车收拾得非常干净利索，遵守交通规则，而且保证领导的安全，同时要做到省油，不给单位增加负担，等等。小陈滔滔不绝地讲了半个多小时，终于讲完了。

轮到小刘上场了，他只讲了不到三分钟，就下来了。他说他过去遵守了三条原则，现在他仍遵守三条原则。如果能继续为单位开车，他还会遵守三条原则。这三条原则是：听得，说不得；吃得，喝不得；开得，使不得。

众领导一听，"好！这个司机说得好！"

小刘说得好在什么地方呢？第一，听得，说不得。意思是说领导坐在车上研究一些工作，往往在没公布之前都是保密的。我只能听，不能说，不能泄密。第二，吃得，喝不得。因为工作原因，我经常要陪领导到这儿开个会，到那儿参加个庆典，难免有这样那样的饭局。这时候，我该吃就吃，但绝对不喝酒，这叫保护领导的生命安全。第三，开得，使不得。你别看我是开车的，但是只要领导不用的时候，我也决不为了一己私利而开公车，公私分明，不给领导脸上抹黑。

这样的司机，哪个领导不喜欢？于是，小刘留了下来。

沟通处方

无论在职场还是在商场，每一个环节都离不开一张巧嘴。尤其是在商场上，我们每进行一场交易，都少不了一番"舌战"。而那些胜出者，无不是口才出众，能把话说到点子上的人。

◆ 用"软话"化解怒气

沟通案例

在小洛克菲勒还是科罗拉多州一个不起眼的人物的时候，美国发生了历史上最激烈的罢工，并且持续达两年之久。

愤怒的矿工要求科罗拉多燃料钢铁公司提高薪水，小洛克菲勒正负责管理这家公司。

由于群情激奋，公司的财产遭受破坏，军队前来镇压，因而造成流血，不少罢工工人被射杀。那样的情况，可说是民怨沸腾。

小洛克菲勒后来却赢得了罢工者的信服。他是怎么做的呢？小洛克菲勒花了好几个星期结交朋友，并向罢工者发表演说。

小洛克菲勒在演说中说："这是我一生当中最值得纪念的日子，因为这是我第一次有幸能和这家大公司的员工代表见面，还有公司行政人员和管理人员。我可以告诉你们，我很高兴站在这里，有生之年都不会忘记这次聚会。假如这次聚会提早两个星期举行，那么对你们来说，我只是个陌生人，也只认得少数几张面孔。由于两个星期以来，我有机会拜访整个南区矿场的营地，私下和大部分代表交谈过。我拜访过你们的家庭，与你们的家人见面，因而现在我们不算是陌生人，可以说是朋友了。基于这份互助的友谊，我很高兴有这个机会和大家讨论我们的共同利益。由于这个会议是由资方和劳工代表所组成的，承蒙你们的好意，我得以坐在这里。虽然我并非股东或劳工，但我深觉与你们关系密切。

从某种意义上说，我也代表了资方和劳工。"

通过那次演说，小洛克菲勒不但平息了众怒，还为自己赢得了不少赞赏。

如果小洛克菲勒不采用演说的方法，而采用另一种方法，与矿工们争得面红耳赤，用不堪入耳的话骂他们，或用话暗示错在他们，用各种理由证明矿工的不是，那么只会招惹更多的怨愤和暴行。

沟通处方

恶言恶语是说话，好言相劝也是说话，但二者产生的效果却截然不同。能说会道的人绝对不会采取前者去处理事情，那样反而会使事情更糟。

◆ 善于向对方提问

沟通案例

盖尔是一家煤炭商店的推销员。这家商店生意虽然还算不错，但相邻的规模庞大的连锁商店却从来不从盖尔的店中进货，而宁愿跑远路到别的煤炭商店去购买。盖尔对这一情况百思不得其解。每当看到连锁商店的运输卡车拉着从别处购买的煤炭，从自己的店门口路过时，他心里便酸溜溜的。"这样下去不行！连紧邻的关系都打不通，我怎能算得上一个合格的推销员？"于是，盖尔下定决心，一定要说服连锁商店经理从他的店中购买煤炭。

一天上午，盖尔彬彬有礼地出现在连锁商店经理的办公室。"尊敬的经理先生！"盖尔十分得体地说，"今天来打搅您并不是为了向您推销我店的煤炭，而是有一件事想请您帮忙。最近我们准备以'连锁商店的普及化将对未来产生什么影响'为题开一个讨论会，我将要在会上发言。您知道，在这一方面，我是个外行。因此，我想向您请教有关这方面的一些知识。除了您，我再也想不出其他更合适的、能给我以指点的人了。我想您不会拒绝我的请求吧？"

事后，盖尔曾经这样说："原先，我和这位经理约定，只打搅他几分钟。这样，他才勉强同意接待我。结果，我们谈了将近两个小时。这位经理不仅谈了他本人经营连锁商店的经过，对连锁商店在商业中的地位与作用的认识，而且还吩咐一位曾写过一本关于连锁商店小册子的部下，送一本小册子给我；他又亲自打电话给连锁商店工会，请他们给我寄一份有关这个问题的讨论记录稿副本。谈话结束后，我起身告辞，这位经理笑容满面地将我送到门口。他祝我在讨论会上的发言能赢得听众，又再三叮嘱我一定要将讨论会的详情告诉他。临别时，他对我说的最后一句话是'从春季开始，请你再来找我。我想本店的用煤由贵店来提供，不知行不行？'"

一个长时间没有解开的死结，被盖尔用两小时的谈话解开了。

盖尔提问的方法是非常有效的。不必配合不同的环境去找不同的话题，只要你记住"请教"这两个字，就可以马上让对方打开话匣子。

在提问的时候，可以把对方下意识的动作当成打开沉默的话题。假如对方只是一味抽烟，你发现他在抽烟时有某种习惯，就可以立刻问他："你抽烟的动作很有趣，像吞云吐雾一般。你是怎么做到的？"看到对方的咖啡里加两勺半的砂糖，也可发问："对不起，为什么你非要放两勺半砂糖不可？"通常面对这类问话，人们都会热心回答。尤其面对较内向、看似羞怯的人，不妨多发问，帮助他把话题延续下去。

诱导对方多说话，让对方情不自禁地说出真情。你可以先开口说几句简单的，静听对方的反应。如果对方已进入角色，就随时追问，让对方打开心扉。说话时最好引述各种实例，给人以具体的形象，以刺激对方的发言欲望。

别人讲话是处于动态，自己倾听是处于静态。以无形的技巧钓有声的语言，如果对方所说与事实相符，那么对方真情毕至。一个人如果对此道熟谙深察，那么他就掌握了打开人心的钥匙。

美国著名金牌寿险推销员乔·库尔曼，是第一位连任三届美国百万圆桌俱乐部主席的推销员。他成功的秘诀之一就是擅长抛砖引玉性地提问。比如，客户说"你们这个产品的价格太贵了！"他会说"为什么这样说呢？""还有呢？""然后呢？""除此之外呢？"提问之后马上闭嘴，然后让客户说。

一般情况下，客户一开始说出的理由不是真正的理由，抛砖引玉性提问的好处在于你可以挖掘更多的潜在信息，做出更加全面的判断。在你说出"除此之外"的最后一个提问之后，客户都会深思一会儿，谨慎地思考之后，就会说出他拒绝或同意的真正原因。

在商业谈判中，当对对方的商业习惯或真实意图不大了解时，通过巧妙向对方提出大量问题，并引导对方做出正面回答，可以得到一些不易获得的资料。关键在于，不陈述自己的观点，让对方多说，从而推测对方的意图以及某些实际情况。

常常套人语言，难免会出现对方发现自己上当而不再应答的情况。这时，你就要以诚挚感动他，作为对他袒露心迹的报答。如果对方的感情随之而动，你就要加紧引导和控制。

与一位刚刚认识或不知底细的人交谈，避免冷场的最佳方法是不停地变换话题。你可以用提出一些问题的方法进行"试探"。一个话题谈不下去时就换到另一个话题。你也可以接过话题，谈谈你最近读过的一篇有趣的文章，或说说你刚刚看过的一部精彩的电影，也可以描述一件你正在做的事情或者正在思考的问题。如果谈话出现了短暂停顿，不要着急，不必无话找话，沉默片刻也无妨。

很多时候，一句恰到好处的提问就够了，而许多难忘的谈话也都是由问题开始的。

之所以运用种种技巧让对方多说，是为了获得更多信息，让自己掌握主动权。当大致了解了一个人之后，你就可以顺着对方的心意，投其所好，真诚地赞美对方的长处，使对方心情愉悦，拉近双方的距离，消除隔阂。当一个人很有兴趣地谈到他的专长或他所取得的成绩或他的业务成果时，你适时地提出与之相关的要求，对方拒绝你的可能性是最小的，你的要求得到满足的可能性也是最大的。

沟通处方

善于沟通者，并不一定口若悬河、滔滔不绝，常常是善于向对方提问、引导对方说出自己想法的人。

第五章　巧用幽默化解尴尬

在与人沟通时，难免会遇到尴尬的时候。出现尴尬的局面，讲个笑话，开个玩笑，可以使气氛活跃起来。

◆ 有效沟通离不开幽默

沟通案例

汉武帝晚年很希望自己能长生不老。一天，他与一个侍臣闲聊："相书上说，一个人鼻子下面的'人中'越长，寿命就越长；'人中'长一寸，能活一百岁。不知是真是假？"

东方朔听了这话，知道汉武帝又在做长生不老之梦，脸上露出一丝讥讽的笑意。汉武帝见东方朔似有讥讽之意，喝道："你居然敢笑话我！"

东方朔毕恭毕敬地回答："我怎么敢笑话皇上呢？我是在笑彭祖的脸太难看了。"

汉武帝问："你为什么笑彭祖呢？"

东方朔说："据说彭祖活了八百岁，如果真像皇上所说，'人中'长一寸就活一百岁，彭祖的'人中'就该有八寸长了，那么，他的脸岂不是太难看了吗？"

汉武帝听了，不禁哈哈大笑起来。

东方朔以幽默的语言，用笑彭祖的办法来劝汉武帝。整个批驳机智含蓄，风趣诙谐，令怒不可遏的汉武帝转怒为喜，并且愉快地认输。

如果说生活中离不开盐的话，那么沟通中也就离不开幽默。有了它，单调乏味的沟通有时也会变得趣味横生，具有神奇的魅力。

生活中没有一个人不喜欢风趣幽默的语言。在中国的传统文艺晚会上，相声小品之所以一直成为最受欢迎的节目之一，就在于它的表现形式离不开幽默。那幽默的语言强烈地感染观众的心，幽默的话能抓住听者的心，使对方平心静气，也可以使一些深刻的思想表达得更加生动和形象。

第二次世界大战时期，英国为了请求美国共同抗击德国并给予经济援助，英国首相丘吉尔便到华盛顿会见美国总统罗斯福，罗斯福热情地接待了他，并安排他住在白宫。

在会见期间的一个早晨，丘吉尔刚洗完澡，赤身裸体地想去穿衣服，却意外地碰见了罗斯福。这时，双方都很尴尬，然而丘吉尔却以一句风趣而又语带双关的话，不仅解除了尴尬，而且还顺利获得了美国的军事援助。丘吉尔说："总统先生，大不列颠的首相在您面前是没有什么需要隐瞒的。"

在这样一个令人尴尬的场合，丘吉尔恰当的幽默使气氛顿时变得轻松起来，不仅维护了彼此的面子，还拉近了双方的距离。幽默是睿智的表现，它是一个人个性、风度、记忆、思想、素质的体现。如果让幽默走进我们生活的各处，也能收到意想不到的效果。

在人际交往中，机智风趣、谈吐幽默的人往往会拥有更多的朋友，我们谁都不愿和动辄就与人争吵或者郁郁寡欢、言语乏味的人交往。幽默可以将烦恼变为欢畅，使痛苦变成愉快，将尴尬转为融洽，并牢牢地吸引住对方。

幽默使人与人之间的交往融洽，让尴尬中神经紧绷的人瞬间轻松，让即将发怒的人一笑释怀。幽默缩短了人与人之间的心理距离。

获取幽默语言的途径很多。首先用"趣味思维方式"捕捉生活中的喜剧因素。"趣味思维"是一种"错位思维"，不按照普通人的思路想，而是"岔"到有趣的一面去。其次要在瞬息构思上下功夫，掌握必要技巧。幽默风趣是一种"快语艺术"，它突破惯性思维，遵循反常原则，想得快，说得快，触景即发，涉事成趣，出人意料之外，又在情理之中。

如有位将军问一位战士："马克思是哪国人？"战士想了一会儿说："法国人。"将军说："哦，马克思搬家了。"对于这常识性问题都答不出来，将军当然不快，但这一"岔"，构成了幽默，其实也包含了对战士的批评教育。

再次要注意灵活运用修辞手法。极度的夸张、反常的妙喻、顺手拈来的借代、含蓄的反语，以及对比、拟人、对偶等修辞方法都能构成幽默。

最后要注意搜集素材。我们的生活丰富多彩，提供了许多有趣的素材，这些素材无意识地进入我们记忆仓库的也很多。如果我们做个"有心人"，就会使自己的语言材料丰富起来。

沟通处方

如果说生活中离不开盐的话，那么沟通中也就离不开幽默。有了它，单调乏味的沟通有时也会变得趣味横生，具有神奇的魅力。

◆ 培养幽默感的3种方法

沟通案例

俄国著名寓言作家克雷洛夫一生穷困。

有一次，他租了一间房子，房东要他在房契上写明一旦失火烧了房子，他就要赔偿15000卢布。克雷洛夫看了租约，不动声色地在15000后面加了一个零。

房东高兴坏了："什么，150000卢布？"

"是啊！反正一样是赔不起。"克雷洛夫满不在乎地说。

幽默有时让人感到神秘。有人想学，却无法学会；有人没怎么学，却脱口而出。那么，幽默是不是与生俱来、天赋而生的呢？经过研究发现，幽默是人的独特性情气质，和游戏一样，是人的本能。在对一些具有幽默感的人进行研究之后发现，幽默确有某种遗传基因存在。我国著名相声表演艺术大师侯宝林和他的两个儿子，著名喜剧表演艺术家陈强和他的儿子陈佩斯，都可以作为幽默是天赋的证明。虽然有遗传的因素存在，但幽默感并不神秘。它主要还是在后天的社会实践中培养和训练而成的。

幽默是形象思维，因而联想和想象是不能没有的。不但要研究幽默名家的作品和来自民间的幽默精品，而且还要广泛地了解各种艺术形式，增强自己的艺术敏感，训练自己由此及彼、由表及里地在各个意象间构建想象的能力。

当然，法无定规，幽默没有现成的模式可以遵循。我们面对的是变动不息的人群，所以幽默也只能因人因事而异，才能达到效果。

幽默感的内在构成，是悲感和乐感。悲感，是幽默者的现实感，就是对不协调的现实的正视。乐感，是幽默者对现实的超越感，是一种乐天感。悲感，让幽默者可以勇于面对现实，正视人生的弱点。乐感让幽默者在别人或者我们以前的弱点面前产生"突然的荣耀感"，给幽默者以信心和勇气，在困境中扬起胜利的风帆。

由痛苦到快乐，一定要具备某种超越精神。只有超越了现实，才能俯视现实，对待困难采取乐观的态度。唯此，才能在沟通中巧妙运用幽默法则。

在社会生活中，人们有可能会遭遇到不公正的待遇。一般来说，这种情形是暂时的，一旦真相大白，含冤者就会昭雪。如果我们学会幽默，就会在所谓的委屈之外发现令人无比快乐的东西。

意大利著名作曲家罗西尼听人说，他的一批有钱的爱慕者准备去法国为他建一座雕像。感动之余，他问道："他们准备花多少钱？""听说一千万法郎吧。"罗西尼大为吃惊，"如果他们肯给我五百法郎，我愿意亲自站在雕像的底座儿上！"试想，如果罗西尼没有这样谦恭，而是对用一千万法郎雕像欣喜若狂，也决不会有如这般的幽默感。

没有幽默感的人不会积极地看待这个世界，不会乐观地看待自己的生活。当然乐观不是盲目的，而是有所依附，是一种透彻之后的豁达。乐观地看待你的生活，幽默便会自然而生。

生活中大多数人都喜欢幽默的人，喜欢幽默的话。那些机智的妙语中蕴含着人生的大智慧，能让人开怀一笑。每个人都希望自己成为一个幽默的人，能以诙谐幽默的语言给他人带去快乐，也给自己带来荣耀。但是很多人却哀叹自己没有幽默细胞，学习他人似乎也学不来，于是就认定幽默乃天生注定，是人的天赋。

其实，只要平时注意观察、模仿、学习，幽默感还是可以培养的，只要我们用心学就会发生改变。培养幽默感可以从以下几个方面着手。

1. 正视幽默

幽默给我们带来快乐，让我们化解尴尬，增进人们之间的关系。幽默不是油腔滑调，也非嘲笑或讽刺。浮躁的人难以掌握幽默，装腔作势的人难以掌握幽默，钻牛角尖的人难以掌握幽默，捉襟见肘的人难以掌握幽默，迟钝笨拙的人难以掌握幽默，所以，要培养幽默感首先要培养良好的个性。只有从容、平等待人，超脱潇洒，游刃有余，聪明透彻才能学会幽默处世。

2. 陶冶情操，学会乐观、宽容

只有拥有乐观精神的人才会使用幽默。我们要善于体谅他人，拥有一颗宽容之心，凡事不斤斤计较，如此，才能培养出幽默细胞。

乐观、宽容的态度是幽默的精髓之所在。学会幽默就要以乐观、宽容的态度对待他人。乐观的心态会传递，宽容让我们的生活更加和谐。如果沟通中多一点乐趣，多一些笑容，也就会少一点摩擦。

3. 不断积累知识

拥有渊博的知识，才能急中生智，以幽默的话语应对自己一时的失语。一个人只有有了丰富的知识，才能有审时度势的前提，谈话的内容才会丰富，妙语连珠，比喻恰当。我们要培养幽默感就必须广泛涉猎，充实自我。日常生活中要不断积累，多读、多看、多听、多学，在自己所处的环境中多练习使用幽默的语言，养成善用幽默语言的习惯。

沟通处方

每个人都希望自己成为一个幽默的人，能以诙谐幽默的语言给他人带去快乐，也给自己带来荣耀。只要平时注意观察、模仿、学习，幽默感还是可以培养的，只要我们用心学就会发生改变。

◆ 幽默的8种用法

沟通案例

据说，李鸿章有一个远房亲戚，胸无点墨却热衷科举，一心想借李鸿章的关系捞个一官半职。

他在考场上打开试卷，竟无法下笔。眼看要交卷了，他便"灵机一动"，在试卷上写下"我乃李鸿章中堂大人的亲妻（戚）"，指望能获主考官录取。

主考官批阅这份考卷时，发现他竟将"戚"错写成"妻"，不禁拈须微笑，提笔在卷上批道："所以我不敢娶（取）你。"

"娶"与"取"同音，主考官针对他的错字，来了个双关的"错批"，既有很强的讽刺意味，又极富情趣。

一语双关可谓是幽默最厉害的招式之一，但它又不只是"幽默"而已，同时还隐含了"智慧"成分。"一语双关"恰如其分，活脱脱地表达出对人与事的看法，除了使人们"不禁莞尔"或"哈哈大笑"以外，更是"机智人生"的呈现。

所谓双关，也就是你说出的话包含了两层含义：一个是这句话本身的含义，另一个是引申的含义，幽默就从这里产生出来。也可说是言在此而意在彼，让听者不只从字面上去理解，还能领会言外之意。

一只猴子死了去见阎王，要求下辈子做人。阎王说，你既要做人，就得把全身的毛拔掉。说完就叫小鬼来拔毛。谁知只拔了一根毛，这猴子就哇哇叫痛。阎王笑着说："你一毛不拔，怎么做人？"

这则寓言表面上是在讲猴子的故事，却很幽默地表达了"一毛不拔，不配做人"的道理，虽然讽刺性很强，却也委婉、含蓄。

比较常见的幽默技巧主要有以下几种。

1.曲解法

所谓曲解，就是从另外一个角度进行解释，在对话中故意歪曲对方话语的本意，或故意装聋听不清而回答，将两个表面上毫不沾边的东西联系起来，造成一种不和谐、不合情理、出人意料的效果，从而产生幽默感。它常常利用语词的多义、同形、谐音、同音等条件来构成。

2. 借口推脱法

先答应对方的要求，然后又寻找借口加以推脱。

3. 附加条件法

附加条件就是先顺承对方的意思，然后再加上一个条件，而这个条件往往是不能做到的。

4. 巧妙解释法

即对原意加以巧妙的解释而造成幽默效果。说话时，故意不把要表述的观点直接表述出来，而是隐蔽地蕴含在另一个似乎无关的观点中，让谈话对方经过思考，顿悟你所要真正表达的意思，它往往能够让人回味无穷。

5. 自嘲法

在公共场合，难免会出现尴尬的场面，这时我们就应该学会自嘲，化解尴尬的局面。

6. 夸张法

要想幽默，最常用的手法就是夸张。相声演员姜昆说过："好家伙，那月饼硬得一摔马路可以砸出俩大坑！"这就是夸张，它带给我们的是回味无穷的幽默。夸张手法的运用往往能够恰到好处地放大幽默的细节，达到很好的效果。

7. 以其人之道，还治其人之身

以其人之道，还治其人之身也是一种幽默的手法。它可以化解人们之间的矛盾，让别人认识到自己的错误之处，从而化解双方的矛盾，使气氛缓和。

8. 补充说明法

先肯定对方的说法或顺承对方的意思加以回答，然后再补充说明，使之符合逻辑。

沟通处方

一个富有幽默感的人，能使他人在与之相处时享受到轻松愉快的气氛，从而增添与之相处的乐趣。富有幽默的人，往往三言两语就能使人忍俊不禁。

◆ 化解纠纷的自嘲式幽默

沟通案例

爱因斯坦是位著名的科学家，但他从不注重自己的着装。

爱因斯坦第一次来到纽约时，在大街上遇到了当年的一位老朋友。

这位朋友见爱因斯坦衣服破旧，便说："你看你的大衣，又破又旧，换件新的吧，怎么说你也是知名人物呀！"

爱因斯坦笑了笑："没关系，没关系。我刚来到纽约，这儿没有人认识我。"

几年后，爱因斯坦和他的相对论都已声名远播。巧的是，爱因斯坦又和他的那位朋友在街上相遇了。更巧的是，爱因斯坦还是穿着那件"又脏又破"的大衣。

这一次，爱因斯坦不等朋友开口，便自嘲道："这次更不用买新大衣了，全纽约的人都已经认识我了。"

美国社会学家麦克·斯威尔说："在别人嘲笑你之前，你应先嘲笑自己。"如果你嘲笑的是自己，试问有谁会大力反对？你把"自己"当作嘲笑的对象，不但可以消除紧张、焦虑的情绪，更可以提升自我的修养。

著名国画大师张大千一次在宴席上向京剧表演艺术家梅兰芳敬酒时说："梅先生，你是君子——动口，我是小人——动手。"在这里，张大千根据自己和梅兰芳先生的工作特点，自嘲地将自己喻为"小人"，顿时活跃了宴会气氛。

一个人要承认自己的"缺点"实在不是一件容易的事。要知道，人总有不完美的地方，坦白承认自己的缺点，就能把"缺点"化为个人独有的特点。

英国作家杰斯塔东是个大胖子，由于"体积"过大，行动往往不太方便。但是，他像罗慕洛不以矮为耻一样，也不以胖为耻。有一次，他对朋友说："我是个比别人亲切三倍的男人。每当我在公共汽车上让座时，便足以让三位女士坐下。"

当处于非常窘迫的境地时，机智地进行自我贬抑而产生的幽默是摆脱窘境的好方法，也是展示人格魅力的法宝。同时也能给对方一种轻松感，使沟通气氛变得更加和谐，更有利于沟通活动的顺利进行。

在一些社交场合，运用自嘲可以放松自己的情绪，为你社交的成功增添许多风采。当然，自嘲要避免采取玩世不恭的态度。具有积极因素的自嘲包含着自嘲者强烈的自尊、自爱。自嘲实质上是当事人采取的一种貌似消极，实为积极的促使交谈向好的方向转化的手段。

幽默的一条重要原则就是宁可取笑自己，绝不轻易取笑别人。海利·福斯第曾经说过："笑的金科玉律是，不论你想笑别人怎样，先笑自己。"自嘲，也是自知、自娱和自信的表现，本身也是一种幽默。这种自嘲式的幽默往往更能化解纠纷，使得紧张的氛围趋于轻松。而把自己的缺点暴露出来，调侃一番，不仅不会将自己的缺点放大，还会拉近彼此的距离，给自己的魅力加分。

在人际交往中，我们经常会遇到一些意想不到的事情，或是自己失言失态，或是对方对自己的言行有看法，或是周围的环境出现了我们没有考虑到的因素。总之，这些猝不及防的情境往往会令我们狼狈不堪。这个时候，最有效的解决方法，就是用幽默来摆脱尴尬。

在我们遇到尴尬的沟通逆境时，如果能适当地使用自嘲的方式创造幽默感，不仅能有效地摆脱自己的尴尬处境，也能给对方一种轻松感，从而使沟通气氛变得和谐，更有利于沟通活动的顺利进行。在日常生活中，谁都有缺点失误，难免会遭遇尴尬，人们往往都喜欢遮遮掩掩。其实，这样反倒会引起更加恶劣的效果，还不如来点自我解嘲，使得即将发生的纠纷趋于平静。

洛伊是20世纪20年代到80年代美国著名的影星，在这期间，她一直活跃在银幕上。她的形象在大家心目中一直是完美的。但她在晚年的时候却日渐发胖。朋友多次邀请她一起去海滨浴场游玩，她都以各种理由推辞了。

一次，一位记者向洛伊提出这样的问题："洛伊女士，您是不是因为自己太胖，怕丢丑才不去海滨游泳的？"

没想到洛伊却爽快地答道："是的。我怕我们的空军驾驶员在天上看见我，以为他们又发现了一个新古巴。"

所有在场的人听到后都发出了阵阵笑声，大家不自觉地鼓起掌来。

洛伊用自嘲的口吻、夸张的比喻化解了自己的尴尬，既没有被记者牵着鼻子走，又很好地活跃了招待会的气氛，同时还给大家留下了一个良好的印象，显示出自己豁达的心胸和人格魅力。

当你在与人交谈而陷入尴尬的境地时，自嘲可以使你从尴尬的境地脱身出来。自嘲不仅是豁达的表现，还是自信的表现。因为，只有足够自信的人才敢拿自身的失误做文章，继而把它放大、夸张，最后又巧妙地引申发挥、自圆其说，博得众人一笑。

沟通处方

在日常生活中，谁都有缺点失误，难免会遭遇尴尬，人们往往都喜欢遮遮掩掩。其实，这样反倒会引起更加恶劣的效果，还不如来点自我解嘲，使得即将发生的纠纷趋于平静。

◆ 含蓄的幽默能有效减少摩擦

沟通案例

意大利音乐家帕格尼尼急匆匆地在街上奔跑。他要赶到一家大剧院演出，但是车子在路上坏了。他急急忙忙拦下一辆马车，一边催车夫快点，一边向车夫问价。

马车夫一看上车的是大名鼎鼎的音乐家，便说道："先生，您要付我10法郎。"

帕格尼尼吃惊地问道："你这是开玩笑吧？"

"当然不是，每人花10法郎买一张票去听你用一根琴弦拉琴。我这个价格不算多。"

"那好吧，我付你10法郎，不过你得用一个轮子把我送到剧院。"

车夫听完后哈哈大笑起来说道："真不愧是大名鼎鼎的音乐家，你的要求我是没有办法做到了，那就收你1法郎吧。"

音乐家帕格尼尼对于车夫的漫天要价，没有义愤填膺，断然拒绝，而是先同意付款，然后提出了一个令车夫无法做到的条件：用一个轮子把他送到剧院。这便委婉地起到了反击车夫的作用，而且幽默的语言也让车夫欣然地降价，这比起动口动手的效果要好得多。

与幽默相联系的是智慧。在沟通中，要善于使用幽默的技巧，需要具有一定的智慧。对于一个才疏学浅、举止轻浮、孤陋寡闻的人来说，是很难生出幽默感来的。具体来说，产生幽默的条件至少应包括以下几个方面：广博的知识和社会经验，敏锐的洞察力和想象力，高尚优雅的风度和镇定自信、乐观轻松的情绪，良好的文化素养和语言表达能力。

要使自己的思维超乎常理，其智慧就在于随机应变。这一方面有赖于思维的敏捷度，而掌握恰当的幽默方式也必不可少。

幽默是运用智慧、聪明与种种搞笑的技巧，使人发笑、惊异或啼笑皆非，并从中受到教育。幽默不仅是智慧的迸发、善良的表达，更是一种胸怀、一种境界。幽默是人们适应环境的工具，是人类面临困境时减轻精神和心理压力的方法之一。

生活中，我们常常对发生在身边的幽默一笑了之，来不及感悟其中的人生哲学，又匆匆将它们忘掉。可见，生活中的每个人都应当学会幽默。多一点幽默感，少一点气急败坏、少一点偏执极端、少一点你死我活。

说话直率往往是豪爽的表现，可有时难免遇到不便直说的情况。在这种情况下，如果直言直语，可能影响到人际关系，给自己添麻烦，而且会伤害到别人。为避免不愉快的事情发生，在某些场合说话还是要讲究一点技巧，即委婉含蓄地表达自己的观点。

用委婉含蓄的语言表达自己的想法更容易被别人接受，也更能表现出你对别人的尊敬之意，从而能够更好地交流。

一个记者在一次矿难事故的报道中这样写道："老天爷看到这副惨状，他落泪了。"当然老天爷是不存在的，他是传统观念里老百姓虚构的最高的神，可现在连虚构中的神都落泪了，可见煤矿事故的悲惨。如果记者直白地用所有的词语来描述现场的惨状，不一定会引起人们这么高的关注和同情。但是，记者借用上帝委婉地表达了自己的感情，起到了很好的诱发作用，更能引起人们的同情。

含蓄的幽默能有效地减少我们沟通的"摩擦系数"，打开局面，拉近距离，活跃气氛，增进了解，沟通思想，产生共鸣。

沟通处方

用委婉含蓄的语言表达自己的想法更容易被别人接受，也更能表现出你对别人的尊重之意，从而能够更好地交流。

◆ 不合时宜的幽默令人生厌

沟通案例

某小区里有个活动室，上了年纪的老人常常聚在一起玩牌，尤其是老王，就是一个老牌迷。可是，最近老王好久没来了，大家都感觉很奇怪。

一天，邻居老孙见到了老王，就问："老王啊，怎么这几天都没看见你啊？"

老王一笑说："我儿子、儿媳妇宣布我必须在规定时间、规定地点接送小孙子上幼儿园。所以，最近不能和你们一起玩了。"

老孙一脸的严肃，说："这么说你被'双规'了！"

赶上前来跟老王打招呼的牌友们听见这么一句话，吓一跳，问："啊？怎么回事儿？贪污了？"

老孙就给大伙解释了一下，大家听了都哈哈大笑起来。可是，老王的脸色非常不好看。他借口有事就离开了。

老孙是个不拘小节的人，不管见什么人都喜欢开玩笑，结果却伤害了老王。面对比较严肃的人，我们一定要注意不可过分地开玩笑，否则只会让气氛变得尴尬，给自己带来难堪。

生活中的你，也许根本就不知道什么是真正的幽默。当然，也许你就是一个非常有幽默感的人，但你却不知道不适时的笑话或是幽默可能导致的后果是什么，并且你也不明白如何去正确地运用它。你需要明白的是，平等从容才能幽默，聪明透彻才能幽默，装腔作势难以幽默，迟钝拙笨亦难以幽默，多一点幽默并不是仅仅为了一笑，而是为了使语言更加丰富，更富于美感。

如果你不能正确地运用幽默，那别人就会把你也看成是一种笑话，因此，在你需要用幽默或是笑话来调节你所处的场合的气氛时，你一定要明确地知道在场的听众是不是有幽默的禀赋，不然的话你所说出来的幽默就根本得不到认可，甚至在场的所有听众对你所表演的幽默也不会有所反应。

如果你的幽默与当时的形势以及场合极不协调，那么你的那种自以为是的幽默或笑话，周围的人可能会不屑一顾，在很多的时候还往往会引起别人的反感，甚至于被人视为是对自己的侮辱。

你还要了解你自己，弄清楚自己是否是一个具有幽默禀赋并能灵活运用的人。如果不了解这一点，只是凭自己的兴致，不分场合地去说一些你自己认为十分有趣的笑话或是幽默，是不会收到良好效果的。

你要对自己和你所面对的人有一个正确的估计，要学会正确地运用幽默这种精神调节剂，因时因势、因地制宜地幽默一下，才能使幽默真正起到它该有的效果，才能做到不被别人误解。

在你运用幽默感的过程当中，一定要注意运用的对象和场合。幽默让人愉悦，能达到沟通的效果，但是不合时宜的幽默只会令人厌恶。

幽默要分对象，要区分不同的性别、身份、地位、阅历、文化素养和性格。不是什么人都可以随便说幽默的笑话的。同一个玩笑，能对甲开，不一定能对乙开。比如，就性格而言，有的人内向，如果对这样的人使用幽默语言，就要小心谨慎。关系到他们自身的玩笑话最好少开为妙，即使要开也要注意分寸。不然开过了头，就会使他们感到不悦。而对性格外向的人则可以多开玩笑，但也要注意程度。

一般来说，同辈之间可以开玩笑，同事之间可以开玩笑，而晚辈则不宜与长辈开玩笑，下级不宜与上级开玩笑。在家人、同乡、朋友、同学、爱人、同事、部下之间，可以开开玩笑，说些幽默风趣的话。而对陌生人尤其是陌生女性、性格忧郁或孤僻的人，一般不宜随便开玩笑。

日常生活中，有许多场合可以说幽默的笑话，如月下漫步，乘船候车，盛夏纳凉，课余小憩，酒前宴后闲聊，等等。在一些特殊的场合则不宜说幽默的话，如在庄重的会议或在葬礼上等说一些幽默的话则会不合时宜；在婚礼的宴席上，可以就新郎、新娘的恋爱逸闻说些幽默的话，但切忌以新郎、新娘的隐私问题作为笑料来大肆宣扬，那样肯定会令人不快。

幽默是一种美好的情感交流，像一块糖，使得本来逆耳的建议让人乐于接受。但是运用幽默先要保证它的前提，在正确的场合下，幽默才能达到效果，否则，只会让幽默变成利剑，伤害了别人的自尊，也让自己的好意化为讽刺。

在人际交往中，一个得体的玩笑可以活跃气氛，让人紧绷的大脑得到放松，创造出一个充满欢乐氛围的环境。但是如果不分对象、不分场合乱开玩笑，则会适得其反。

幽默可以让我们的生活更加多彩，然而开玩笑一定要掌握"度"，适可而止才能活跃气氛，增进彼此之间的友谊。

沟通处方

在你运用幽默感的过程当中，一定要注意运用的对象和场合。幽默让人愉悦，能达到沟通的效果，但是不合时宜的幽默只会令人厌恶。

第六章　别让不良情绪阻碍沟通

　　每个人都会遇到不如意的事情，产生不良的情绪。如果你将不良情绪带到与人交往之中去，那么别人就不会愿意与你进行沟通。

◆ 不要随便指责别人

沟通案例

　　1863年7月，盖茨堡战役展开。在敌军陷入了绝境时，林肯下令给米地将军立刻出击敌军。但米地将军迟疑不决，用尽了各种借口，拒绝出击，结果，敌军顺利逃跑了。

　　林肯勃然大怒。他坐下来给米地将军写了一封信，表达了他的极端不满。但出乎常人想象的是，这封信林肯并没有寄出去。

　　在林肯逝世后，人们在一堆文件中才发现了这封信。也许林肯设身处地地想了米地将军当时为什么没有执行命令，也许他想到了米地将军见到信后可能产生的反应，米地可能会与林肯辩论，也可能会在气愤之下离开军队。

　　木已成舟，把信寄出，除了使自己一时痛快以外，还有什么作用呢？

尖锐的批评和攻击，所得的效果都是零。批评就像家鸽，最后总是飞回家里。当我们想指责或纠正对方时，他们会为自己辩解，甚至反过来攻击我们。成功的经验告诉我们：学会宽容和尊重，才能更好地与人相处。

这天，丈夫回到家，发现屋里乱七八糟，到处是乱扔的玩具和衣服，厨房里堆满碗碟，桌上都是灰尘……他觉得很奇怪，就问妻子："发生什么事了？"妻子回答："平日你一回到家，就皱着眉头对我说：一整天你都干什么了？所以今天我就什么都没做。"

好指责就如同爱发誓，实在不是一种好习惯。你会伤害别人也会伤害你自己，别人不舒服你也不会舒服。

不要指责他人，并不是说放弃必要的批评。这里的原则是要抱着尊重他人的态度，以对方能够接受的方式来批评。

一家工厂的老板，这天巡视厂区，看到几个工人在库房吸烟，而库房是禁止吸烟的。他没有马上怒气冲冲地对工人们说："你们难道不识字吗？没有看见禁止吸烟的牌子吗？"而是稍停了一下，掏出自己的烟盒，拿出烟给工人们，并说："请尝尝我的烟！不过，如果你们能到屋子外去抽的话，我会非常感谢的。"工人们则不好意思地掐灭了手中的烟。

我们喜欢责备他人，常常是为了表现自己的高明。有时，也有推卸责任的目的。我们谦虚一些，严格要求自己一些，这对自己只有好处，绝无坏处。

在你想责备别人这不是那不是时，请马上闭紧自己的嘴，对自己说："看，坏毛病又来了！"这样，你就可以逐渐改掉喜欢责备人的坏习惯。

有的人只相信自己，不相信别人，让人避而远之；有的人总喜欢严厉地责备他人，使对方产生怨恨，不觉中使彼此的沟通难以进行，事情也办得一团糟。成功人士说，只有不够聪明的人才批评、指责和抱怨别人。

在交涉场合中，往往有些人会不顾及别人的面子，当众指出你的不足与缺点，使你手足无措，陷入尴尬的境地。面对这种情况，你可以运用以下几种方法应对。

1. 请难应变法

当你处于窘境之时，可以反问对方一个问题，让对方来回答，从而把对方和听众的注意力都转移到你提出的问题上，这就是请难应变法。

2. 有意曲解法

在与人交涉的过程之中，当你遭到恶意攻击并陷入难堪境地时，你可以抓住对方语言中的某个词或某句话，进行有意曲解，这样做既可以摆脱窘境，还可以用来嘲讽对手。

被人当场指责实在是让人难堪至极，若和对方针锋相对地去争辩，也会有失风度。你若故意曲解对手的话语，不但让对手苦不堪言，自己还可以体面地下台。

3. 超常想象法

在与人交涉时，当你因做错事或说错话而受到对方的指责时，若一味地去狡辩，只会影响你的形象。此时，你应发挥超常想象，在困境中展示你的才智和应变能力，将问题转移。

受到对方指责时，简单道歉或辩解是不能迅速化解对方心中不满情绪的。发挥超乎常人的想象，始终避开正面交锋，并借助偶然的因素所造成的失误构成某种歪曲的推理，可以有效淡化对方的不满。

4. 逆向释因法

面对对方的攻击，如果你能借用对方的说理和推理方法反向攻击，便能从困境中解脱出来。从相反的方向攻击，可以轻而易举地制服对方。

5. 歪问歪答法

与人交涉时，若顺着对方问话老老实实地作答，有时就会陷入对方设置好的陷阱。所以，针对对方提出的怪问题，你不妨来个歪问歪答，巧妙过关。

沟通处方

好指责就如同爱发誓，实在不是一种好习惯。你会伤害别人也会伤害你自己，别人不舒服你也不会舒服。

◆ 遭到嘲笑如何应对

沟通案例

有一位著名的丑角叫吐鲁斯。在一次演出幕间休息的时候，一个很傲慢的观众走到他的身边，讥讽地问道："丑角先生，观众非常欢迎你吧？"

"还好。"吐鲁斯谦虚地答道。

"要想在马戏班中受欢迎，丑角是不是就必须具有一张愚蠢而又丑怪的脸蛋呢？"

"确实如此，"吐鲁斯回答说，"如果我能生一张像先生您那样的脸蛋的话，我准能拿到双薪。"

这位傲慢的观众的脸蛋，同吐鲁斯能否拿双薪，其实是无丝毫内在联系的，但幽默的吐鲁斯却巧妙地把它们联系在一起，产生强烈的幽默感，对这位傲慢的观众进行了讽刺。

在社交场合中，有时会遇到别人有意或无意攻击你，奚落、挖苦、讥讽你，面对这些情况你该怎么办？有随机应变能力的人，能调动自己的智慧，化被动为主动，使尴尬烟消云散。"兵来将挡，水来土掩"，可视不同的对象选择不同的应付办法。

俄国寓言作家克雷洛夫，生得皮肤较黑，但偏偏又喜欢穿黑衣服。一天，他在路上遇到了两个穿得花里胡哨的公子哥儿。其中有一个见到了克雷洛夫，就阴阳怪气地对他的同伴说："看啊，飘来了一朵乌云！"克雷洛夫应声答道："怪不得青蛙高兴得叫了。"克雷洛夫如法炮制，接过话头儿，教训了对方。

若判明来者意图不善，是怀有恶意、故意挑衅的话，你可以"以眼还眼，以牙还牙"，有理、有节、有礼貌而巧妙地回敬对手，针锋相对，将"原物"顶回。

著名律师汤姆被选为议员以后，仍然穿着乡下人的服装从农庄到了波士顿。当他在一家旅馆客厅里休息时，听到一群衣冠楚楚的绅士淑女在议论他："啊，来了一个地道的乡巴佬，我们过去逗逗他。"于是，他们就走过去，把汤姆围起来，向他提出一些怪问题，嘲弄他。汤姆站起来，郑重地说："你们仅仅从我的衣着看我，就不免看错了人，以为我是一个乡巴佬。而我呢，因为同样的原因，以为你们是绅士淑女。其实，我们都错了。"这一句话，揭露了对方"金玉其外，败絮其中"的为人，使嘲弄者反受到了嘲笑，同时也提醒他们不要犯以貌取人的世俗错误。

如果有人用过于唐突的言辞使你受到伤害，或叫你难堪，你应该含蓄应对，或装聋作哑、拐弯抹角、闪烁其词，或顺水推舟、转移"视线"、答非所问，谈一些完全与其问话"风马牛不相及"的事，用这种委婉曲折的方法反驳对手，肯定会取得奇特的功效。

有的时候，可能会遇到棘手犯难的问题。对此，若以幽默谐趣的方式回答，往往会"化险为夷"，改变窘态。在"山重水复"的时候，转为"柳暗花明"，使尴尬的局面消失在谈笑之中。

俗话说："防人之心不可无，害人之心不可有。"练就随机应变的语言表达能力很重要，但切不可主动进攻、出口伤人，而且自我防卫要注意有礼貌。

在与人交涉的过程中，难免会遇到一些心胸狭隘、不顾及别人情面的人。他们可能会在你偶然犯错误或者失态的情况下，嘲笑你的不慎或者失误，从而达到使你难堪的目的。往往这个时候，我们都会显得手足无措，不知如何是好。下面的几种方法能帮助你摆脱困境，还能帮你赢回自信。

1. 隐含锋芒法

当来自对方的嘲笑是出于无知或轻浮时，你也可以不直接进行反击，通过说明事实真相的方式，就能心平气和地给对方的失礼行为以分量不轻的教训。这种方式看似平常，却既有很强的教育作用，又能显示说者的风度雅量。

这种应对方法，不是那么锋芒毕露，咄咄逼人，而是在平心静气，甚至是在谈笑风生之中，通过陈述事实，说明道理，揭露对方的无知。当情况点明时，对方已经无地自容了。有时候，这种方式比直接反驳的效果更好。

2. 以牙还牙法

如果嘲笑者是蓄意挑衅，侮辱人格，拿人的生理缺陷寻开心，这时被嘲笑者不必客气，要以其人之道还治其人之身，以强烈刺激性的语言给他们来点教训，使对方"哑巴吃黄连"。

对于他人有意侮辱人格的嘲笑应以眼还眼，以牙还牙，进行自卫还击，可以收到一招制胜的效果。

3. 幽默解窘法

当对方嘲笑的是自己的确存在的事实时，如果自己矢口否认，反而是在欲盖弥彰；如果恼羞成怒，也会错上加错。这时，不妨采取幽默方式给以应对，使自己体面地从窘迫中走出来。

幽默解窘法虽然可以为自己解窘一时，但是有护短和狡辩之嫌。因此，它只能作为权宜之计，暂时给自己一个台阶下，进而要从对方的嘲笑中认识到自己存在的问题，并下决心改正，这才是正确的做法。

4. 强忍自激法

如果对方的嘲笑并不涉及自己的人格，而且说的又是事实，只不过是用语尖刻了一点，使自己的面子有些过不去，你大可不必进行反击。此时，你不如将对方的羞辱化作动力，下决心改变事实，提高自己，最终为自己挽回面子。当你扬眉吐气之时，对方也会感到自愧的。

沟通处方

如果有人用过唐突的言辞使你受到伤害，或叫你难堪，你应该含蓄应对，或装聋作哑、拐弯抹角、闪烁其词，或顺水推舟、转移"视线"、答非所问，谈一些完全与其问话"风马牛不相及"的事，用这种委婉曲折的方法反驳对手，肯定会取得奇特的功效。

◆ 用对方的逻辑来打败对方

沟通案例

20世纪30年代，一次一位英国商人伯纳尔向香港地区著名的茂隆皮箱行订购了3000只皮箱，总共价值20万元港币。

双方签订的合约中明确规定，全部的货物要在一个月之内交付，如果逾期，卖方必须赔偿英商10万元港币的损失费用。

在日夜赶工之下，茂隆皮箱行经理冯灿在一个月内如期向英商交货。

没想到交货的时候，一开始就存心讹诈赔偿费用的伯纳尔无计可施之余，居然莫名其妙地质疑："你们的皮箱夹层使用了木板，这批货不是我们要的皮箱，你们必须重做'真正的皮箱'！"

面对伯纳尔的无赖行径，冯经理怒不可遏，双方多次交涉无效后，只好闹上法院。然而，同为英国人的法官有意偏袒伯纳尔。所幸，冯灿委托的律师罗锦文冷静处理，而赢得最后的胜利。

在最后辩论过程中，当罗锦文面对强词夺理的奸商和具有排华情结、心怀偏颇的法官，随手从口袋里掏出了一只英国出品的金表，高声问法官："法官先生，请问这是什么表？"

只见法官神气地说："这是大英帝国的名牌金表，可是我提醒你，这金表与本案毫无关系！"

"当然有关系！"罗锦文高举金表，继续大声说道："这是一只金表，我们尊敬的法官已有定论，恐怕没有人表示异议了吧？但是，我想请问各位，这块金表除了表壳是以少量黄金打造的以外，内部机件都是黄金材质的吗？"

法官和伯纳尔这才发觉，他们中了律师的"圈套"。但是，为时已晚，自己言之确凿的回答，早已成为对方最有利、最无可辩驳的证据。

罗锦文抓准时机地继续说："既然金表中的部分零件允许非黄金材料，那么，皮箱中的部分材料为何非要全都是皮制品呢？我们可以很明显地知道，在这个皮箱案中，纯粹是原告伯纳尔无理取闹，存心敲诈而已！"

于是，在众目睽睽之下，伯纳尔哑口无言。法庭不得不判伯纳尔诬告罪，并罚款5000元港币了结此案。

对于蛮横无理的人，不要一味强调自己的立场，应该避开双方相持不下的情况，为自己找到绝佳的出口。懂得以巧妙的迂回战术避实就虚，用对方的逻辑来打败对方，这才是聪明人获得胜利的关键因素。

有的时候明明你是对的，理在你这里，但是为了保全别人的脸面，即使有理也不一定要气壮。

在一家餐馆里，一位顾客粗声大气地嚷着："小姐，你过来，你过来！"他指着面前的杯子，满脸怒气地说："看看，你们的牛奶是劣质的吧，看把这杯红茶都糟蹋了！"

"真对不起！"服务小姐笑道，"我立刻给您换一杯。"

新红茶很快端来了。茶杯跟前仍放着新鲜的柠檬和牛奶。小姐把红茶轻轻放在顾客的面前，又轻声地说："我是不是能向您建议，如果在茶里放柠檬，就不要加牛奶，因为有时候柠檬会造成牛奶结块。"顾客的脸一下就红了。他匆匆喝完茶，走了出去。

有人笑着问服务小姐："明明是他没理，你为什么不直说呢？他那么粗鲁地叫你，你为什么不给他一点颜色瞧瞧？"

小姐说："正因为他粗鲁，所以要用婉转的方式对待。正因为道理一说就明白，所以用不着大声。理不直的人，常用'气壮'来压人。理直的人，要用'气和'来交朋友。"

客人们都佩服地点头笑了，对这家餐馆也增加了许多好感。

有理不在声高。"理直气和"往往会比"理直气壮"收到更好的处世效果。

在社交活动中，有的人蛮横不讲道理，如果你一再忍让，他还会得理不饶人，这时，你也要来点硬的，以牙还牙，但是，要讲究点艺术。

1. 态度冷静

遇事最忌讳的就是浮躁。一语不合，就面红筋跳，暴跳如雷，这是泼妇骂街之术。强者必须态度镇静，行若无事。一般的吵架，谁的声音高便算谁有理，谁的来势猛便算谁赢了；可是真正的强者，乃能避其锋而击其懈。你等他骂得疲倦、无话可说的时候，轻轻地回敬一句，就会让他再狂吼一阵。在他暴躁不堪的时候，你对他冷笑几声，就能把他气得死去活来。

2. 旁敲侧击

他偷东西，你骂他是贼；他抢东西，你骂他是盗，这是笨人的方法。旁敲侧击，在紧要的地方只要一语便可，这正是所谓杀人于咽喉处着刀的道理。越要打击他，你越要原谅他，即便说些恭维话也不为过，这样的方法才能显得你所说的话句句真实确凿，让旁边的人看起来也佩服你的度量，并让对方自惭形秽。

3. 言语委婉

说人要说得微妙含蓄。你说他一句要使他不觉得是挨骂，等到想过一遍后才慢慢觉悟这句话不是好话，让他笑着的面孔由白而红，这才是强者。如果说得委婉，则首先不要说出不堪入耳的脏话，不要涉及人生理上的缺陷。再者，最好不要加入种种难堪的名词，称呼起来总要客气。即使他是极其卑鄙的小人，你也不妨称他先生。越客气，语言越有分量。

4. 预设埋伏

说话之前，你便要想想看，他将用什么话回应你。有眼光的人，便会处处留神，或是先将他要讥讽你的话替他说出来，或是预先安设埋伏，令他讥讽回来的话失去效力。他讥讽你的话，你替他说出来，这就如同缴了他的械一般。预先安设埋伏，便是在要攻击你的地方，你先轻轻地埋下话根，然后他讥讽过来就等于枪弹打在沙包上，对你产生不了伤害。

沟通处方

对于蛮横无理的人，不要一味强调自己的立场，应该避开双方相持不下的情况，为自己找到绝佳的出口。懂得以巧妙的迂回战术避实就虚，用对方的逻辑来打败对方，这才是聪明人获得胜利的关键因素。

◆ 消解敌意的4种办法

沟通案例

1982年秋天，在美国洛杉矶召开的中美作家会议上，美国诗人艾伦·金斯伯格对中国作家蒋子龙说："作家先生，请您猜个谜语，怎么样？"蒋子龙微笑着点点头。

不料，艾伦·金斯伯格又说："我这个谜语可是讲了20年，一直没有人能破得了的！"继而他的脸上显现出一副得意而又狡猾的样子。

蒋子龙不甘示弱地对他说："我从3岁开始就猜谜语，还没有我破不了的谜语。"

"那好，谜语是这样的：把一只2.5公斤的鸡放进一个只能装0.5公斤水的瓶子时，您用什么办法把它拿出来？"

蒋子龙略加思索，沉着冷静地说："您怎么放进去，我就怎么拿出来。您既然是凭嘴一说就把鸡装进去了，那么我就用语言这个工具再把鸡拿出来。"

艾伦·金斯伯格无言以对。过了一会儿，他竖起大拇指说："您是第一个猜中这个谜语的人。"

创作这个谜语表现出诗人的丰富想象力，而蒋子龙则根据对方的思路，也凭借自己的想象，沉着机智地用语言这个工具再把鸡拿出来，成为第一个猜中这个谜语的人。这不能不说得益于他的冷静与智慧的言语策略。

当你面对别人故意刁难和挑战时，你身处的局面难免会很尴尬，进退两难。在这个时候，有一个好的办法，那就是"以彼之道，还施彼身"。首先不要发怒，要冷静地面对责难，然后迅速地找到对方的思考逻辑，并且用同样的方式请对方予以解释，使对方知难而退，从而化解难题。

英国首相威尔逊在一次群众大会上做演讲时，反对者在下面大喊。其中，有一人大喊"垃圾"，对威尔逊进行人身攻击。为了不使一场严肃的演讲变成可笑的争吵，威尔逊用平静的口气说道："先生，您关心的问题，我们一会儿再讨论。"

威尔逊幽默巧妙地使用了"代换法"来对付人身攻击。别人说威尔逊是"垃圾"，威尔逊就把"垃圾"代换成对方"特别感兴趣的问题"。如此巧妙地反戈一击，自然会令那位自作聪明者成为众人讥笑的对象。

面对尖锐的敌意，不急于逞口舌之快，而是理智地采取暗示、幽默反讽、侧面提示等方法，把极具威胁的敌意化于无形，你刚我柔，把万钧压力消弭于无形中。

在与人交往时，运用以下几种方法就能化解敌意，甚至能化敌为友，进而使我们在社交中建立更好的关系。

1. 用幽默来转化

在与人交往的过程中，充满敌意的一方，为了污蔑对方，常常赋予对方某一丑化的形象。此时，反戈相击又不费吹灰之力的办法就是将丑化的形象代换给对方。

2. 从侧面提示对方

不直接劝解对方放弃敌对态度，而通过与正题不相干的话题委婉地暗示对方，使其意识到自己的敌对态度并不利于事情的解决，从而能收到直接劝解所起不到的作用。

3. 以退为进

以退为进，先承认自己在某一方面的劣势，然后再反唇相讥，揭露对方所谓优势的不正当性，从而反衬出自己的劣势才是真正的优势。

4. 争取多数人的支持

在人数众多的交际场合，应把握大多数人的心理特征，争取他们的理解与支持，使少数敌对者处于孤立的地位，这样一来，他们就不敢放肆了。

沟通处方

当你面对别人故意刁难和挑战时，你身处的局面难免会很尴尬，进退两难。首先不要发怒，要冷静地面对责难，然后迅速地找到对方的思考逻辑，并且用同样的方式请对方予以解释，使对方知难而退，从而化解难题。

◆ 被否定时如何应对

沟通案例

在牛津大学某年的博士生面试中，一个学生和教授发生了激烈的争执，因为教授对他的研究设计产生了很大的质疑。

教授大声地说："你的研究设计里面包括十处很明显的错误，根本就不是一个合格的研究计划！"

学生也不甘示弱地大声反驳："这只能表示我的研究计划不够完善和成熟，并不能说明我的研究计划不合格啊！而且，如果您能接受我成为您的学生，我有信心一定会把这个计划做得尽善尽美。"

教授很生气地说："难道你要我指导一个反对我观点的学生吗？"

学生说："坦白说，教授，我就是这么想的。"

面试结束后，学生心想："这下牛津大学肯定不会接受我了。"

于是，他灰心丧气地坐在门外等候最后的通知。没有想到，在公布录取名单的时候，竟然有他的名字。

名单宣布完，教授对学生说："孩子，虽然你顶撞了我一个多小时，但是我们还是决定录取你。我要你在我的指导下反对我的理论。这样一来，如果事实证明你是错的，我会很高兴。如果事实证明你是对的，那么我会更高兴。"

世界上没有两片完全相同的叶子，我们每个人都有自己的想法和意见，但并不是每一个人都敢表达自己的想法。

要是连自己的想法都不敢大胆地说出来，那么我们怎么能和别人去交流思想？如何去面对困难？如何创造机会进入成功的殿堂呢？

想要让别人充分了解自己的想法，首先要勇敢表达自己的意见，就像这个学生一样。不要担心别人的反驳和质疑，因为只有反驳和质疑才会让原来想法中的瑕疵消失，才会让你离成功越来越近。

有时候，自己的某一方面会得不到别人的肯定与认可，那么对方就会用言辞对你加以否定，无疑你的自信心将会大受打击，对交际热情也会大打折扣。你还会因此有意避免与否定你的人打交道。生活中，这样的情形并不少见。

在与人交往的过程中，当你遭遇他人的否定时，可以尝试以下方法。

1. 重新审视一下自我

别人的否定，我们要引起重视，因为别人的否定或肯定是有原因的。我们要以此为契机重新审视一下自我，更清醒、更正确地认识自我。

2. 让他人重新审视你

每个人都有看走眼的时候，而且在看走眼时往往还很自负。所以，如果你认定自己是正确的，就应该用诚心和智慧让对方重新审视你，给你一个全新的评价。

3. 透视他人的"否定"

每个人都有判断失误的时候。所以，有必要对他人的"否定"做一下透视，认清其实质：一是看看别人的"否定"是否是平庸之见；二是不要迷信权威的评判，有些人不相信小人物中有能人，有些人缺乏识人的慧眼，有些人品德并不高尚。所以，当别人否定你时，不必妄自菲薄，认清形势、认清自我是最重要的。

4. 激起斗志，发愤图强

权威的否定会对你形成打击，但你不要就此消沉，把他人对你的否定化为一种动力，积极向上，相信必有所成。

沟通处方

想要让别人充分了解自己的想法，首先要勇敢表达自己的意见。不要担心别人的反驳和质疑，因为只有反驳和质疑才会让原来想法中的瑕疵都消失，才会让你离成功越来越近。

◆ 学会控制自己的情绪

沟通案例

某个政党有位刚刚崭露头角的候选人，被人引荐到一位资深的政界要人那里，希望这位政界要人能告诉他一些在政治上取得成功的经验，以及如何获得选票。

正式谈话前，这位政界要人提出一个条件："你每次打断我说话，就得付5美元。"

候选人说："好的，没问题。"

"现在，马上可以开始。"

"很好。第一条是，对你听到的对自己的诋毁或者污蔑，一定不要感到愤慨。随时都要注意这一点。"

"噢，我能做到。不管人们说我什么，我都不会生气。我对别人的话毫不在意。"

"很好，这就是我经验的第一条。但是，坦白地说，我是不愿意你这样一个不道德的流氓当选的……"

"先生，你怎么能……""请付5美元。""哦，啊！这只是一个教训，对不对？""哦，是的，这是一个教训。但是，实际上也是我的看法……""你怎么能这么说……""请付5美元。""哦！啊！"他气急败坏地说，"这又是一个教训。你的10美元赚得也太容易了。"

"没错，10美元。你是否先付清钱，然后我们再继续？因为，谁都知道，你有不讲信用的赖账的'美名'……"

"你这个可恶的家伙！"

"请付5美元。"

"啊！又一个教训。噢，我最好试着控制自己的脾气。"

"好，我收回前面的话，当然，我的意思并不是这样。我认为你是一个值得尊敬的人物，因为考虑到你低贱的家庭出身，又有那样一个声名狼藉的父亲……"

"你才是个声名狼藉的恶棍！"

"请付5美元。"

这是这个年轻人学会自我克制的第一课，他为此付出了高昂的学费。

最后，那个政界要人说："现在，就不是5美元的问题了。你要记住，你每一次发火或者你为自己所受的侮辱而生气时，至少会因此而失去一张选票。对你来说，选票可比银行的钞票值钱得多。"

生气会对自己造成损害，然而，伴随生气而来的恶言恶语还有可能对别人造成更大的损害。

语言可以伤人于无形，你一时不经大脑、脱口而出的话语，有可能成为别人终身的阴影。当我们情绪不佳的时候很容易说出伤人的话，这个时候我们要及时弥补自己犯下的错误，向被你伤害的人以你认为最好的方式说声"对不起"。

一名年轻人在年迈的富人家里担任钟点工，每天除了清洁工作，还有半个小时的"陪读"任务。

一天，这名年轻人不小心把花瓶与笔筒的位置放反了。这原本不是什么大事，年老的富人却大发雷霆，指着年轻人的鼻子大骂笨蛋。

年轻人一言不发地忍耐着，因为他相当同情这名老人，除了骂人的舌头外，他已别无利器。

在将近十分钟的咒骂后，老人好不容易平息下来，要求年轻人进行每天的例行公事——读一段故事给他听。

年轻人翻着书，找到一个相当吸引人的章节，上面写着："南洋所罗门岛上的一些土著，每当树木长得过大，连斧头都砍不了时，他们就会对着树木集体叫喊，直到树木倒下为止。喊叫扼杀了树木的生命，比任何刀棍、石头都还具有杀伤力；正如那些尖酸、刻薄、粗鲁的言语，往往会刺伤人的内心。"

年迈富有但性格怪僻的老人听了这个故事，沉默许久。当年轻人把咖啡送到他面前，准备为他加糖时，老人抬起头来，脸上出现难得的慈祥笑容，亲切地说："不用加糖了，你的故事已经为我加了糖！"

一时之气，造成自己的"火山爆发"是小事，但是对那些被火山余烬灼伤的人们，却有可能造成难以弥补的伤害。

盛怒之下，体内血球不知道要伤损多少，血压不知道要升高几许，总之是不利于健康的。而且血气沸腾之际，头脑不大清醒，言行容易过激，于人于己都不利。

为别人所犯下错误生气，你无疑是在拿别人的错误来惩罚自己，想一想，这是多么划不来。为突来的情绪生气，你发了一场熊熊的无名火，想一想，这对别人来说又是多么的不公平。

如果不能控制自己的脾气，那么至少要懂得控制自己的嘴巴。生气时，请不要随便开口，你在这时吐出来的话，往往都不会是"象牙"。

你常生气吗？如果生气是你的常客，建议你找出自己的"情绪温度计"，或来一场"与怒气的心灵对话"，彻底赶走怒气。经常生气就像不断的小感冒，严重影响工作和生活。

沟通处方

生气会对自己造成损害，然而，伴随生气而来的恶言恶语还有可能对别人造成更大的损害。

第七章　无声有时胜有声

　　有的时候，运用身体语言进行沟通，胜过花费大量口舌进行沟通。适当运用身体语言，能够使你更善于与人沟通，起到"此时无声胜有声"的效果。

◆ 学会运用眼神沟通

沟通案例

　　在一场跑步比赛中，有三个孩子摔倒了。这三个孩子的母亲却有着不同的反应。

　　第一位母亲赶紧跑上去，扶起孩子，拖着孩子努力往前跑；第二位母亲看到孩子摔倒后，就大声责骂起来，批评孩子不小心、不努力；第三位母亲则默默地注视着孩子，眼睛里充满了鼓励，似乎在说："孩子，赶紧爬起来，努力往前冲！"

　　尽管三个孩子最终都跑到了终点，但是，三个孩子的心情是不一样的。

　　第一个孩子在母亲的帮助下到达了终点，但是，他内心的成就感并不强烈，对于母亲的帮助，他的体会并不深刻；第二个孩子在跑到终点后，必然会有委屈，甚至产生对母亲的不满，因为母亲在大庭广众之下责骂自己；第三个孩子是最快乐的，因为他通过自己的努力到达了终点，体验到了成功的喜悦，而促使他努力到达终点的是妈妈鼓励的眼神，他将一辈子牢记妈妈的眼神。

运用眼神，可以使沟通更为有效。眼睛是人与人沟通中最清楚、最正确的信号，因为它是人身体的焦点。人们通常所说的"眼睛是心灵的窗户""她的眼睛会说话""他的眼神不定"，都是说眼睛对人类行为的巨大作用。与对方保持最直接的沟通，除了语言之外就是眼神了。

在倾听别人说话的过程中，一定要运用好自己的眼神。要想使对方知道自己在认真听取对方的讲话，你的眼神与对方的眼神一定要保持好联系。对方讲话时，你最好与他的眼神不断地会合，不要东张西望。听人讲话时随便看其他东西，说话人一定会感到不高兴。

眼睛盯着一件东西看，这对有些人来说有点困难。但是，如果你正在努力赢得人们的好感，并且想表示你所说的话很认真，这就显得很重要了。例如，当你走进老板的办公室要求他给你提职时，如果你的眼睛紧盯着他，而不是低着头，那么他会更认真地考虑你的请求。当你在单位陈述你的一份商业计划时，如果你用自信的眼神看着周围的人，那么大家就会更加信任你并认可你的计划。

理解了对方的意思时，要表现出领会的眼神；渴望得到对方的讲解时，要表现出诚恳的眼神；对方说到幽默处，表现出喜悦的眼神；对方出现悲伤时，要表现出同情的眼神。耳朵与大脑是语言的接收器，眼睛则是接收后的反应器。听到别人的信息也置若罔闻、呆若木鸡，谈话的双方就无法沟通下去，应该及时接收、及时反应，从而吸引住说话人的注意力。

用眼睛和别人沟通，不仅表明你很自信，同时也表示你对别人很尊敬。当你发表演说时，眼睛要注视着对方，语气里要带有更多的强调成分，加入更多的感情色彩。如果你的眼睛看着别处或盯着地板，那就说明你对自己所说的话并不确信，或者你说的可能根本就不是事实。例如，当销售人员的眼睛炯炯有神地向客户介绍产品时，眼神中透射出的热情、真诚和执着，往往比口头说明更能让客户信服。充满热情的眼神，还可以增加客户对产品的信心以及对这场推销活动的好感。

俗话说："一个目光表达了1000多句话。"这句话也同样体现在职场中。在工作中，目光中除了能看出上级与下级、权力与依赖的关系外，还能揭示出更多的东西。

上司说话时，不看着你，这不是个好迹象。他想用不重视来惩罚你，说明他不想评价你。上司从上到下看了你一眼，则表明其优势和支配，还意味着自负。上司久久不眨眼盯着你看，表明他想知道更多情况。上司友好地、坦率地看着你，甚至偶尔眨眨眼睛，则表明他同情你，对你评价比较高或他想鼓励你，甚至准备请求你原谅他的过错。上司用锐利的眼光目不转睛地盯着你，则表明他在显示自己的权力和优势。上司只偶尔看你，并且当他的目光与你相遇时马上躲避，这种情形连续发生几次，表明面对你，这位上司缺乏自信心。

俗话说："眼睛是心灵的窗户。"一个人的眼神往往最能反映一个人的内心。因此，在与客户沟通时，不但要学会从客户的眼神中来了解他们的内心，也要学会利用自己的眼神来表达自己的情意。一方面，与客户沟通时，要注意看着对方的眼睛，用眼神来与客户进行交流，显示出对他们的尊重。此外，眼神又要用得恰到好处，既不能死盯着对方，又不能让人感觉到不自在，或者使人觉得你别有用心。

有人对你说话时，眼睛要注视着他；有人发表意见时，你的身体和脸要正对着他。无论我们和周围的人用什么方式交流，也不管表达的内容是什么，我们肯定会对那些用眼神和我们沟通的人给予更多的关注和回应。

沟通处方

眼睛是人与人沟通中最清楚、最正确的信号，因为它是人身体的焦点。与对方保持最直接的沟通，除了语言之外就是眼神了。

◆ 肢体语言如何用

沟通案例

一个人走进饭店要了酒菜，吃罢摸摸口袋发现忘了带钱，便对店老板说："店家，今日忘了带钱，改日送来。"

店老板连声说："不碍事，不碍事。"并恭敬地把他送出了门。

这个过程被一个无赖看到了。他也进饭店要了酒菜，吃完后摸了一下口袋，对店老板说："店家，今日忘了带钱，改日送来。"

谁知，店老板脸色一变，揪住他，非剥他衣服不可。

无赖不服，说："为什么刚才那人可以赊账，我就不行？"

店家说："人家吃菜，筷子放在桌子上找齐，酒一盅盅地喝，斯斯文文，吃罢掏出手绢揩嘴，是个有德行的人，岂能赖我几个钱。你呢？筷子往胸前找齐，狼吞虎咽，吃上瘾来，脚踏上条凳，端起酒壶直往嘴里灌，吃罢用袖子揩嘴，分明是个居无定室、食无定餐的无赖之徒，我岂能饶你！"

一席话说得无赖哑口无言，只得留下外衣，狼狈而去。

在人际交往中，我们必须留意自己的形象，讲究动作与姿势，因为我们的动作姿势是别人了解我们的一面镜子。在人际交往中，我们可以通过别人的动作、姿势来衡量、了解和理解别人。

俗话说："言为心声。"其实不然，因为每个人都会有意识掩饰自己，可能会说假话。而肢体语言通常是一个人下意识的举动，很少具有欺骗性。当事人下意识地以肢体活动表达出情绪，别人也可由之辨识出当事人的心境秘密。在社交场合，一个不经意的动作，都能让一个高明的对手看透你的底牌。

头部微微侧向一旁说明对谈话有兴趣，正集中精力在听。低头说明对谈话不感兴趣或持否定态度。在商务交往中，低头这种身体语言是非常不受人欢迎的。身体直立，头部端正表现的是自信、正派、诚信、精力旺盛。头部的这种姿态无疑是商务交往中的首选。头部向上表示希望、谦逊、内疚或沉思。头部向前表示倾听、期望或同情、关心。头部挺得笔直说明对谈判和对说话人持中立态度。点头表示答应、同意、理解和赞许。头一摆表示快走之意。

商务场合，应该用平和、亲切的目光语言，既不目光闪闪显得激情过度而近乎做作，又不目光呆滞，显得应付敷衍。如果眼神发虚或东瞟西望，就会让对方产生一种不踏实的感觉。如果死死地盯视一个人，特别是盯视他的眼睛，不管有意无意，都是一种不礼貌的表现，会令对方感到不舒服。

盯视，在某些特定场合，是作为心理战的招数使用的，在正常社交场合贸然使用，便容易造成误会，让对方有受到侮辱甚至挑衅的感觉。"睐视"是一种不太友好的身体语言，它除了给人睥睨与傲视的感觉外，也是一种漠然的语态。"睐视"，对于漂亮女性，常常传递着一种"色眯眯"的语言，让她们感觉受到一种无形的骚扰。刻意回避对方的眼光或者眼睛瞟来瞟去，会让对方觉得你不专心、心虚，从而得不到信任。四处漫游这是一种犹豫、举棋不定的身体语言信息。斜视，表示轻蔑。俯视，表示羞涩。仰视，表示思索。正视，表示庄重。这些都需要根据场合恰当把握。

嘴巴不仅是用来表达有声语言的，也同样可以表达丰富的身体语言。嘴唇闭拢表示和谐宁静、端庄自然。嘴唇半开或全开表示疑问、奇怪、有点惊讶。如果全开就表示惊骇，商务交往中，除非是为了沟通谈判的需要，否则不要轻易出现这种嘴部动作。嘴角向上表示善意、礼貌、喜悦，商务交往中，这种身体语言特别会让对方感觉到你的真诚和善解人意。嘴角向下表示痛苦悲伤、无可奈何。嘴唇噘着表示生气、不满意，这种表情在商务场合出现，会被认为是不尊重对方的表现。嘴唇紧绷是表示愤怒、对抗或者是决心已定。故意发出咳嗽声并借势用手掩住嘴表示"心里有鬼"，有说谎之嫌。

肩部舒展说明有决心和责任感，商务交往中，这种肩部姿态无疑是对方非常希望看到的。肩部耷拉说明心情沉重，感到压抑。肩部收缩说明正在火头上。肩部耸起说明处在惊恐之中。耸耸肩膀、双手一摊，表示无所谓或无可奈何、没办法的意思。

双臂交叉，用一只手握住另一只胳膊，显示了紧张期待的心情，也是一种试图控制紧张情绪的方式。双臂交叉，两个拇指往上跷表示泰然自若，或超然度外，或冷静旁观、优越至上的信息，其中又包含着一定的防御态度。一只胳膊横挎胸前，并用这只手握住另一只胳膊，这是一个人处于陌生的交际场合，缺乏自信、有点紧张不安时采取的姿态。

很多人在和别人说话时，总喜欢伸出食指，这种"一指禅"动作本意是指明方向、训示或命令。在商务场合中，如果不是指明方向，而是在和别人交谈时这么比画，就会显得缺乏修养和粗俗了。用手指轻轻触摸脖子，表示你持怀疑或不同意态度。把手放在脑袋后边，表示你有意与别人辩论。用手指敲击桌子，表示你显得很无聊或不耐烦。轻轻抚摸下巴，那是你在考虑做决定。手指握成拳头，表明你小心谨慎，情绪有些不佳。

　　手脚伸开懒洋洋地坐在椅子上，说明相当自信并且有些自傲，不把对方放在眼里。坐在椅子边上，说明不自信，还有几分胆怯，有随时"站起来"和中断话题的准备。除非你想表达自己的谦卑，否则如果出现这种身体语言必然会被对方轻视，从而不利于进一步的商务交往。使劲趴着桌子坐说明对话题很感兴趣，也表现出几分不拘小节。跷起二郎腿，两手交叉在胸前，收缩肩膀说明感到疲倦，对眼前的事不再感兴趣。

　　双腿直伸，抖动腿部坐在别人面前，反反复复地抖动或摇晃自己的腿部，不仅会让人心烦意乱，而且也给人以极不安稳的印象。脚尖指人、双手抱腿、手夹在腿间、上身趴伏等坐姿在商务交往中都会给人放肆嚣张的感觉。站立时背部对着对方，斜靠在其他物体上，双手平端或抱在胸前，把一只手插进衣袋，这些都是不重视对方的表现。边说话边晃动脑袋同样会给人嚣张、轻浮的感觉。站立时双腿频繁地换来换去，或用脚在地上不停地画弧线会给人以浮躁不安、极不耐烦的感觉。

　　读懂别人的肢体语言，以便正确判断和应对很重要。把握自己的肢体语言，做一个受欢迎的人更重要。由于肢体语言是不经意的动作，所以刻意地去做，往往是做不完美的。关键在于你是否是个有知识、有修养的人。如果是，那么你的一举手一投足、一颦一笑都是得体的，受欢迎的。

沟通处方

　　肢体语言通常是一个人无意识的举动，很少具有欺骗性。当事人下意识地以肢体活动表达出情绪，别人也可由之辨识出当事人的心境秘密。

◆ 微笑可以缩短彼此的距离

沟通案例

史密斯是一家小有名气的公司总裁。他还十分年轻，几乎具备了成功男人应该具备的所有优点。

他有明确的人生目标，有不断克服困难、超越自己和别人的毅力与信心。他大步流星，雷厉风行，办事干脆利索，从不拖沓。他的嗓音深沉圆润，讲话切中要害。他对于生活的认真与投入是有口皆碑的。与他深交的人都为拥有这样一个好朋友而自豪。

但是，初次见到他的人却对他少有好感，为什么呢？仔细观察后才发现，原来他几乎没有笑容。

他深沉严峻的脸上永远是炯炯的目光，紧闭的嘴唇和紧咬的牙关，即便在轻松的社交场合也是如此。他在舞池中优美的舞姿几乎令所有的女士动心，但却很少有人同他跳舞。公司的女员工见了他更是畏如虎，男员工对他的支持与认同也不是很多，而事实上他只是缺少了一样东西，一样足以致命的东西———副动人的、微笑的面孔。

微笑作为一种特殊而重要的身体语言对于现代商务人士来说非常重要。商务交往中，你的客户可不想看到你愁眉苦脸的样子。相反，如果不时地施以真诚的微笑，就可能感染他，使之愉悦并更愿意与你相处。

当微笑时，眼睛也要"微笑"，否则给人的感觉只能是更糟糕的"皮笑肉不笑"。"一条缝的眼睛"一定是大笑时的结果，而正常状况下至少应该是眼睛微眯，这样会令你的微笑更传神、更亲切。微笑着说"您好""是啊""嗯""我同意"等礼貌用语会让你更有亲和力。微笑要与正确的身体语言相结合，才会相得益彰。你绝不应该在微笑时还表现出一种消极的身体语言。

有微笑面孔的人，就会有希望。因为一个人的笑容就是他传递好意的信使，他的笑容可以照亮所有看到他的人。没有人喜欢帮助那些整天愁容满面的人，更不会信任他们；很多人在社会上站住脚是从微笑开始的，还有很多人在社会上获得了极好的人缘也是从微笑开始的。

任何人都希望自己给别人留下好感，这种好感可以创造出一种轻松愉快的气氛，可以使彼此结成友善的联系。一个人在社会上要靠这种关系才可以立足，而微笑正是打开愉快之门的金钥匙。

如果微笑能够真正地伴随着你生命的整个过程，这会使你超越很多自身的局限，使你的生命自始至终生机勃发。

现实的工作和生活中，一个人对你满面冰霜、横眉冷对；另一个人对你面带笑容，温暖如春，他们同时向你请教一个问题，你更欢迎哪一个？当然是后者，你会毫不犹豫地对他知无不言，言无不尽，问一答十；而对前者，恐怕就恰恰相反了。一个人的面部表情亲切、温和，充满喜气，远比他穿着一套高档、华丽的衣服更吸引人注意，也更容易受人欢迎。

微笑是一种宽容、一种接纳。它缩短了彼此的距离，使人与人之间心灵相通。喜欢微笑着面对他人的人，往往更容易走入对方的天地。

罗曼·罗兰曾说："面部表情是多少世纪培养成功的语言，比嘴里讲的复杂千百倍。"在面部表情中，人们最偏爱的就是"微笑"了。我们的生活需要笑容，因为它有益于我们的身心健康；我们的工作更需要笑容，它会满足客户和所有人的希望。

微笑能表达一种良好的精神风貌，是生活的魔力棒。它能给人解除忧虑，带来欢乐。善意的微笑，对覆冰盖雪的角落是一缕和煦的春风，让人感到一股春风般的温暖。微笑是美的，因为它表现了许多难以言传的感情。

微笑是通过不出声的笑来传递信息的，不仅是人的外在表现，更是内在精神的反映。只要我们出自真诚、运用得当，就会赢得对方的好感，从而获得意想不到的收获。

微笑不仅能帮人驱走心灵的阴霾，还会使人变得友善。

有一次，一位窘困不堪的乞食者将手伸到了屠格涅夫面前。屠格涅夫找遍身上的每一个角落，什么也没有。于是，他紧紧握住乞食者的手，微笑着说："兄弟，很抱歉，今天我忘记带了。"乞食者眼里荡漾着异样的光芒，感动地说："这个手心，这个微笑，就是周济！"

温暖的微笑在人际交往中具有丰富的内涵，是自信的象征，是心理健康的标点，是礼貌的表示，是和睦相处的反映。生动目光的微笑，就像明媚的阳光一样，使人心旷神怡，可以驱散阴云，淡化矛盾，可以化干戈为玉帛。

人生的美好就是心情的美好，人生的丰富就是人际关系的丰富。当用发自内心的微笑对待对方时，便主动地掌握了人与人之间真诚交往的尺度。如果可以用微笑开始，用微笑结尾，那微笑的价值是不言而喻的。

微笑是零距离人际交往的明信片，架起了彼此间友谊的桥梁，打开了从表面驶向心海的航线。

沟通处方

任何人都希望自己给别人留下好感，这种好感可以创造出一种轻松愉快的气氛，可以使彼此结成友善的联系。一个人在社会上要靠这种关系才可以立足，而微笑正是打开愉快之门的金钥匙。

◆ 人际交往中的4种距离

沟通案例

一位心理学家做过这样一个实验。

在一个刚刚开门的大阅览室里，当里面只有一位读者时，心理学家就进去拿椅子坐在他的旁边。实验进行了整整80个人次。

结果证明，在一个只有两位读者的空旷的阅览室里，没有一个被试者能够忍受一个陌生人紧挨着自己坐下。

人与人之间在面对面的情境中，常因彼此间情感的亲疏不同而不自觉地保持不同的距离。保持人与人之间的距离，是一种交际艺术。许多人认为只要不是陌生人，就可以保持一种较为亲近的关系，还有一些人认为，人与人之间还是疏远一些较为妥当，这些都不是最佳的相处方法。

人际关系太过亲密，会让人觉得很随便，或认为你缺乏独立生活的能力，凡事都要让别人替你思考，都要与人商量。随后，他们就会认为你是"应声虫"，没有独立的人格与尊严。人际关系太过疏远，又会让人感觉到你的傲慢、离群。有些人还会认为你瞧不起人，不喜欢与他们相处，甚至讨厌他们。

心理学家曾针对人际关系中的亲密与疏远的程度做了一项调查，得出了一个结论：男性之间一般都比较疏远；女性之间喜欢保持亲密关系；异性之间，若有爱慕之意则关系密切，否则一般较为疏远。性格孤僻的人，多与人保持疏远的关系；性格外向的人，多与人保持亲密关系。从社会地位来看，地位高的人之间关系较为疏远，地位低的人关系则较为亲密。

人与人之间，只有保持适当的距离，才会有适当的人际关系，我们在人际交往中，也应时刻注意这个问题。保持适当的距离，真诚地提出自己的意见，彼此会更加欣赏，情谊会更加长久。合理掌握与他人的空间距离，会使我们取得意想不到的交际效果。

在非语言沟通中，空间距离可以显示人们相互间的各种不同关系。我们每个人都生活在一个无形的空间范围圈内，这个空间范围圈就是他感到必须与他人保持的间隔范围。它向一个人提供了自由感、安全感和控制感。在人际交往中，当你无故侵犯或突破另一个人的空间范围圈时，对方就会感到厌烦、不安，甚至恼怒。

就一般而言，交往双方的人际关系以及所处情境决定着相互间自我空间的范围。心理学家曾将人际交往中的距离划为以下四种。

1. 亲密距离

其近范围在15厘米之内，彼此间可能肌肤相触，耳鬓厮磨，以至相互能感受到对方的体温、气味和气息；其远范围是15~44厘米，身体上的接触可能表现为挽臂执手，或促膝谈心，仍体现出亲密友好的人际关系。

这种距离只限于在情感上联系高度密切的人之间使用。在社交场合，大庭广众之中，两个人（尤其是异性）如此贴近，就不太雅观。在同性别的人之间，往往只限于贴心朋友，彼此十分熟识而随和，可以不拘小节，无话不谈。在异性之间，只限于夫妻和恋人之间。

2.个人距离

其近范围为46~76厘米，正好能相互亲切握手，友好交谈；其远范围是76~122厘米。任何朋友和熟人都可以自由地进入这个空间，陌生人进入这个距离会构成对别人的侵犯。人际交往中，亲密距离与个人距离通常都是在非正式社交情境中使用，是与熟人交往的空间。在正式社交场合则使用社交距离。

3. 社交距离

这已超出了亲密或熟人的人际关系，而是体现出一种社交性或礼节上的较正式关系。其近范围为1.2~2.1米，一般在工作环境和社交聚会中，人们都保持这种程度的距离；其远范围为2.1~3.7米，表现为一种更加正式的交往关系。公司的经理们常用一个大而宽阔的办公桌，并将来访者的座位放在离桌子一段距离的地方，这样与来访者谈话时就能保持一定的距离。

在社交距离范围内，已经没有直接的身体接触。说话时，也要适当提高声音，需要更充分的目光接触。如果谈话者得不到对方目光的支持，他会有强烈的被忽视、被拒绝的感受。这时，相互间的目光接触已是交谈中不可缺少的感情交流形式了。

4. 公众距离

这是公开演讲时演说者与听众之间所保持的距离，其近范围为3.7~7.6米，远范围在7.6米之外。人们完全可以对处于空间的其他人装作没看到，不予交往，因为相互之间未必发生一定联系。

在现实生活中，这些距离范围并不是固定的，尤其是个人距离，是由社会规范和交流者的个性习惯所决定的，也就是说，与人们的种族、年龄、个性、文化、性别、地位和心理素质等有关。因此，在沟通中应根据不同的对象选择不同的距离。

沟通处方

保持人与人之间的距离，是一种交际艺术。许多人认为只要不是陌生人，就可以保持一种较为亲近的关系，还有一些人认为，人与人之间还是疏远一些较为妥当，这些都不是最佳的相处方法。

◆ 会听才会说

沟通案例

有个人从小国到大国，进贡了三个一模一样的金人，金碧辉煌，把皇帝高兴坏了。可是这小国人不厚道，同时出了一道题：这三个金人哪个最有价值？

皇帝想了许多的办法，请来珠宝匠检查，称重量，看做工，都是一模一样的。怎么办？使者还等着回去汇报呢。泱泱大国，不会连这等小事都不懂吧？最后，有一位老臣说他有办法。

老臣胸有成竹地拿着三根稻草，插入第一个金人的耳朵里，这稻草从另一边耳朵出来了；插入第二个金人的稻草从嘴巴里直接掉出来了；而插入第三个金人的稻草进去后掉进了肚子，什么响动也没有。老臣说："第三个金人最有价值！"使者默默无语，答案正确。

最有价值的人，不一定是最能说的人。老天给我们两只耳朵、一张嘴，本来就是让我们多听少说的。善于倾听，才是成熟的人最基本的素质。

一位美国女作家曾说："沟通的最高境界就是静静地倾听。"的确，倾听所表现出的正是一种宽容、谦逊的人格，也展示了对他人的尊重。一个善于倾听的人，必然是一个对他人充满敬意、知道尊重他人的人。

这样的人，也是我们愿意与之交往的人。

当你认真倾听客户的谈话时，客户感觉自己被重视，于是，他们便对你产生了亲切感和信任感，感觉你是他们的朋友。所以，正在洽谈的生意成交了，已经发生的纠纷平息了。倾听成为一种润滑剂，能让财富更快地流入你的口袋。

当你倾听别人的倾诉时，给予他贴心的理解和真诚的疏导，他就能振作精神，重新开始奋斗。我们也将因此获得更多的友谊，更多的亲情，更多的爱，就能更多地了解人生的酸甜苦辣，更多地积累人生的宝贵经验。每个人的生活经历不同，都有值得总结的成功经验，也有值得吸取的失败教训。我们可以从他人的倾诉中提醒自己的言行，避开前进中的荆棘。

只有善于倾听的人，才会从别人失败的经验中不断地吸取经验，加快趋向成功的步伐。对于这样的人，成功路上的艰辛会减少许多。在倾听的过程中，要取别人所长，补自己所短。

有的人认为自己听见了就是在倾听，那是不准确的，因为倾听不是一般意义上的听。听对方说出来的内容，只是常规意义上的听。有效倾听则是要听出对方说话背后的真心，明白说话人的真正思想才是最重要的。

人与人之间都需要沟通、交流、协作、共事。一个人善不善于倾听，不仅体现着他的修养水准，还关系到他能否与其他人建立起一种正常和谐的人际关系。

办公室里，向别人倾诉、要别人倾听的，并不全是那种絮絮叨叨的同事。其中，还有和我们关系很好，把我们当作朋友的同事。我们的倾听，能使他们心中充满阳光和爱意，从而有益于双方的友谊。

倾听可以帮助他人减轻心理压力。相信大家都有这样的体会，每当我们遭遇逆境时，总是会有找个朋友一吐为快的想法。科学研究证明，对于焦虑、失望、难过等心情，认真有效的倾听往往能够在不经意间起到有效缓解的作用。

美国内战初期，当时的总统林肯曾陷入危机四伏的境地，他的心情自然沉重无比。于是，他找来了他的老朋友，向他倾诉自己的心事。当老朋友离开时，林肯的心情已经舒畅多了。因此，当有朋友来找我们倾诉时，我们一定不要拒绝，否则我们很可能会与好友产生隔阂。相反，如果我们能够认真地倾听朋友的心事，并尽力帮助他们，那么彼此之间的感情无疑会更上一层楼。

那么，倾听是不是就意味着坐在那里听对方说个不停呢？答案无疑是否定的。俗话说："会说的不如会听的。"这里的"会"字，就表示倾听也有技巧。

听人说话时，必须全神贯注、专心致志。只有这样，我们才能够紧跟对方的思路，发现对方的真实想法，从而在交流时做到有的放矢。同样，心不在焉、东张西望的倾听不仅是对他人的不尊重，而且很容易使我们漏掉某些内容，从而造成双方沟通障碍，甚至引起对方反感，影响双方的交往。

通常情况下，即使我们对他人的话题不感兴趣，我们也应该出于礼貌洗耳恭听，尤其是对方谈兴正浓时，我们更要耐心地听下去。当然了，如果对方的话题太过无聊，甚至令人难以忍受，我们也可以对其做出暗示。对方如果识趣，也一定会中止话题或改变话题。需要注意的是，在任何情况下，我们都不能流露出厌烦的神色，以免影响双方交往。即使我们不想与对方交往，但这样做起码对我们没有害处。

无论对方说得正确与否，我们都应该在对方说完之后再发表自己的意见，绝对不可以中途插嘴，一吐为快。当对方因为思路中断或知识有限无法继续说下去时，我们还应该适时提醒，以免对方尴尬。与此相反，随意打断他人、任意发表意见或者嘲笑对方都是极为失礼的表现，其结果也只能是引人反感、被人讨厌。

沟通处方

倾听所表现出的正是一种宽容、谦逊的人格，也展示了对他人的尊重。一个善于倾听的人，必然是一个对他人充满敬意、知道尊重他人的人。这样的人，也是我们愿意与之交往的人。

◆ 常见的表情语言

沟通案例

有一次，两个朋友乘车外出，其中一个很自信地说："我不用说话，也不要有什么行动，就可以使坐在对面的这位女士让座位给我。"

说完，他便开始凝视对面年轻女士的眼睛。开始，女士回头看了一眼那位朋友，好像没注意。他还是一直盯着女士的眼睛。果然，女士站了起来走向后面，把位子让给了他。

表情语言是人的情绪变化的寒暑表，许多心理学家的反复试验，已经无可辩驳地证明，人们的情绪变化，往往在面部上有所表现。

人们情绪欠佳或心怀不满时，身躯往往静立不动，脸上表情木然，脸部肌肉动作往下；人们心情愉快时，往往表现出活泼好动、喜形于色，甚至手舞足蹈，脸上的肌肉动向上；人们专心致志地思考某一问题时，往往嘴巴紧闭，身体前倾，眉毛紧锁；人们在对某一事物表示不以为然和轻蔑时，往往脑袋稍偏，嘴角斜翘，鼻子上挑；人们感到诧异和吃惊时，往往口张大，眼瞪大，眉挑高……

在表情语言中，以下两种最为常见：

1. 笑容语

笑容是一种很重要的体态语言。笑是交际活动中很好的润滑剂，可以迅速缩短交际双方的心理距离，体现人与人之间融洽的关系。在谈话时不但要注意笑的作用，还应当善于笑。

要注意选择笑的时机、场合、话题，该笑的时候笑，不该笑的时候就不能笑。在欢庆的场合，在轻松的气氛中，在诚恳坦率的交谈中，应该笑；但在谈起不见好转的病情、与去世的同志家属谈话、说起工作中的重大失误和损失等不愉快的事情时，就不能面带笑意。

在日常生活的谈话中，笑容主要是根据交谈者的关系、谈话的内容以及谈话者的性格、习惯等自然表现出来的。

在谈话中，一般要以微笑为基调。微笑是一种恰到好处的可控性的笑容，使人觉得和蔼、可亲、文明，是仪表的一个构成要素。微笑时面部肌肉容易控制，可以较长时间地维持。笑的时候应该自然大方，得体适度。咧嘴龇牙的笑、嘻嘻逢迎的笑、挤眉弄眼的笑、忸忸怩怩的笑，都会给人一种不愉快的感觉。

笑容也反映了一个人的文化修养水平。每一个人都需要不断提高文化情操的修养，使笑容体现出美好的心灵。只有发自内心的笑才能感染对方，产生呼应。

2. 目光语

目光是一种更含蓄、更微妙、更有力的语言。确实，眼睛是人体发射信息最主要的器官。目光持续的时间、眼睛的开闭、瞬间的眯眼以及其他许多细小的变化和动作都能传递出某种信息。眼睛传递的信息最丰富、最复杂、最微妙。

合理地运用眼神来与人沟通交流，通常有以下三种方式：

(1)环顾。环顾是指视线有意识地自然流转，观察全场。环顾多用在有较多听话的人的场合。环顾可以同所有听话者保持眼睛的接触，使每个听话人都感到你看到了他，你在同他说话，从而增强相互之间的感情联系，提高他们参与谈话的兴致。同时，这种方法还可以使说话人通过多角度的接触，比较全面地了解听众的心理反应，以随时调整自己的话题。当然，环顾要自然适度，速度应适当放慢，不能说话时眼神总是频繁乱转，那样会分散听众的注意力，还会使人觉得你心不在焉、目空一切。

(2)专注。专注是指目光注视着对方，在有较多听众的场合，可把目光较长时间地停在某一个人脸上，然后再变为抽象注视对象。说话人和听话人目光对视可以起到感情和情绪交流的微妙作用，有助于了解对方的心理及其变化。目光专注还表现出对对方的尊重、对所说内容的重视。不能在说话时随便东瞧西看，做一些无意义的小动作，那样会使人觉得你心不在焉，敷衍搪塞。不能在说话时总是望着天花板或看着地面，那样会使人觉得你对谈话没有兴趣，或小里小气不大方。也不能不断地看表，这样会使对方觉得你对谈话不耐烦，希望对方赶快住口。当然，目光专注也不能死盯着对方，对不熟悉的人或年轻女性更不应如此，那样会被认为很不礼貌。

(3)虚视。虚视是指目光似视非视，好像在看着什么地方、什么听众，但实际上什么也没看。这种目光一般适用于同较多的人谈话的场合。虚视的范围一般在听众的中部或后部。虚视可以穿插于环顾、专注之间，用以调整、消除环顾所带来的飘忽感和专注可能带来的呆板感。

"视而不见"的虚视还可以消除说话人的紧张心理，帮助说话人集中精神思考讲话的内容。在运用眼神时，要增强控制能力，使眼神的变化有一定的目的，表现一定的内容。热情诚恳的目光使人感到亲切，平静坦诚的目光使人感到稳重，闪耀俏皮的目光使人感到幽默，冷淡虚伪的目光使人不悦，咄咄逼人的目光则使人不寒而栗。

沟通处方

人的表情语言是人的心理活动的反映，人们往往有什么样的心理活动，就会产生什么样的面部表情。灵活、积极地利用各种丰富的表情与人交流时，自己的魅力就会大增。

第八章　进退有度，达到双赢

　　职场沟通做到进退有度，才能使上下一心，团结一致，提高工作效率，实现共同的目标，达到双赢的目的。

◆ 融洽关系的3个基本原则

沟通案例

　　小卫工作的部门正在策划和组织一项大型活动，其中大量的琐碎工作需要另一部门来协助。然而，双方在事前沟通的时候遇到了很多障碍。那个部门的负责人既不说给予支持，也不说不给予支持，而是不断地诉苦，说自己部门里本来人手就不够用，而且现在的工作又很繁杂。

　　小卫对此很纳闷。他想，既然令这位同事这么为难，那他为什么又不明确拒绝呢？后来，通过搜集来自第三方的信息，小卫终于搞清楚了，原来那位负责人只是希望自己能够出现在主办方的名单里，仅此而已。

　　原因找到了，问题也就迎刃而解了。

　　工作协作过程中，我们经常会遇到各种各样的障碍。拨开这些障碍所散播的迷雾，我们会发现，其实在很多情况下，是我们并不清楚合作方想的是什么。如果我们无法满足对方的需求，就容易使问题复杂化。了解对方的要求，就要善于同对方沟通。

现代工作关系的最佳合作方式就是共赢，要想达到双方的共赢，就必须找到所谓的共赢点，这个点的关键就是应知道对方想要的是什么，也就是把对方想要的作为共赢点。

每一天甚至每一件事，我们都有跟其他人合作的可能。和谐顺畅的合作关系当然是我们所期待的。但是，如果我们觉察到合作中出现了某些问题，就需要高度重视了，因为很可能是合作方想要的东西我们没有满足。只有通过沟通，才能了解对方的需求。

人与人之间、同事之间要常沟通信息，这样才有利于团结。一个优秀的企业，强调的是团队的精诚团结、密切合作，因此同事之间的沟通十分重要。同事之间要想沟通好，必须开诚布公、相互尊重。如果不能敞开心扉，藏着掖着，话到嘴边留半句，那还是达不到沟通的效果。

然而，同事之间最容易形成利益关系，如果对一些小事不能正确对待，就容易形成沟壑。日常交往中我们不妨注意把握以下几个方面来融洽关系，建立良好的沟通基础。

1.以大局为重，多补台少拆台

同事之间由于工作关系而走在一起，就要有集体意识，以大局为重，形成利益共同体。特别是在与外单位人员接触时，要具有"团队形象"的观念，多补台少拆台，不要为自身小利而损害集体大利。

2. 对待分歧，求大同存小异

同事之间由于经历、立场等方面的差异，对同一个问题往往会产生不同的看法，引起一些争论，一不小心就容易伤和气。因此，与同事有意见分歧时，首先不要过分争论。客观上，人接受新观点需要一个过程，主观上往往还伴有"好面子""好争强夺胜"等心理，彼此之间谁也难服谁，此时如果过分争论，就容易激化矛盾而影响团结。面对问题，特别是在发生分歧时要努力寻找共同点，争取求大同存小异。实在不能一致时，不妨冷处理，表明"我不能接受你们的观点，我保留我的意见"，让争论淡化，同时不失自己的立场。

3. 在发生矛盾时，宽容忍让

同事之间经常会出现一些磕磕碰碰，如果不及时妥善处理，就会形成大矛盾。俗话说，冤家宜解不宜结。在与同事发生矛盾时，要主动忍让，从自身找原因，换位为他人多想想，避免矛盾激化。如果已经形成矛盾，自己又的确不对，要放下面子，学会道歉，以诚心感人。退一步海阔天空，如有一方主动打破僵局，就会发现彼此之间并没有什么大不了的隔阂。

沟通处方

现代工作关系的最佳合作方式就是共赢，要想达到双方的共赢，就必须找到所谓的共赢点，这个点的关键就是首先知道对方想要的是什么，也就是把对方想要的作为共赢点。

◆ 与上司沟通不卑不亢

沟通案例

春秋时期，楚庄王的一匹爱马死了。他非常伤心，下令以上等棺木装殓，行大夫礼节厚葬。文臣武将纷纷劝阻，却无济于事。最后，楚庄王说："谁敢再劝阻，我就杀死他。"

优孟知道后，直入宫门，仰天大哭。楚庄王不知道他葫芦里卖的什么药，迫不及待地问是怎么回事。

优孟说："这匹死去的马是大王最喜欢的。楚国堂堂大国，却要以大夫的礼节安葬它，太寒酸了。"

庄王听到优孟不像群臣那样劝谏，而是支持他的主张，不觉喜上心头，很高兴地问："照卿看来，应该怎样办才好呢？"

"依我看来，请用君王的礼节吧！"优孟清了清嗓子，继续说，"请以美玉雕成棺，派士兵挖掘墓穴，使老少都参加挑土修墓，齐王、赵王陪祭在前面，韩王、魏王护卫在后面，用牛羊猪来隆重祭祀，给马建庙，封它万户城邑，将税收作为每年祭马的费用。"

接着，优孟话锋一转，委婉地指出了楚庄王隆重葬马之害："让各国使节共同举哀，以最高的礼仪祭祀它。让各国诸侯听到后，都知道大王以人为贱而以马为贵啊。"

此语确是点到了楚庄王的要害。庄王恍然大悟，赶紧请教优孟如何弥补自己的过失。

优孟说："请大王用葬六畜的办法来葬马，把它葬在人的肚肠里。"

于是，楚庄王听从了优孟的劝谏，派人把马交给掌管厨房的人去处理，并向大家强调，不要将此事传扬出去。

优孟因侍从楚庄王多年，熟知其性情，知道此时无论是忠言直谏还是强行硬谏，都很难奏效。以优孟地位之微，如果直陈利弊、凛然赴义，固然令人肃然起敬。但他的正话反说，从称赞、礼颂楚庄王"贵马"精神的后面，对比分明地引出了楚庄王"贱人"的行为，楚庄王也就清醒地认识到了自己的错误所在。

在别人都反对楚庄王的情况下，优孟先表示赞同，就很容易博得楚庄王的认同，觉得优孟跟自己是站在一起的，认为优孟是为自己说话，不像其他人张嘴闭嘴都是些仁义道理，明显是在拿着标尺批评自己的行为。在感情上获得支持之后，优孟又巧妙地用了夸大的手法，貌似给楚庄王提怎么更好地葬这匹马的建议，实际上是用了反讽，让楚庄王意识到自己的决定有多么不合适，让他自己醒悟过来，自然也就达到了劝诫的目的。

先顺着对方的意思说，稳住人心，然后再逐渐深入，引出对方能接受的道理，这样对方就能明白自己的错误，并能接受别人的建议。

面对上司时，很多人往往觉得不知所措，总是担心说错话给自己带来麻烦。其实大可不必，面对上司时，只要把握好说话的技巧和分寸，就很容易赢得上司的重视和青睐。

面对上司时，态度上要不卑不亢。对上级当然要表示尊重，但是绝不要采取低三下四的态度。绝大多数有见识的领导，对那种一味奉承、随声附和的人是不会予以重视的。在保持独立人格的前提下，你应采取不卑不亢的态度。

根据上级的个性来考虑谈话方式。上级固然是领导，但他首先是个人。作为一个人，他有他的性格、爱好，也有他的语言习惯。比如，有些人性格爽快、干脆，有些人则沉默寡言，事事多加思考。

一些让上司不高兴、下不来台的话最好不要说。对上司说"这事你不知道？""那事我早就知道了！"这些明显带有蔑视的话，会对上司造成很大的伤害。"我想这事很难办！"这话也不要随便说。一方面显得自己在推卸责任，另一方面也显得上司没有远见，会让上司脸面上过不去。

有些话很难直接说出来，为了避免尴尬，可以从反面说起，反面的话稍加引申，就能走到正面了。反语是语言艺术中的迂回术，是更为极端的迂回术。正话反说便是以彻底的委婉，欲擒故纵，取得合适的发话角度，达到比直言陈说更为有效的说服效果。大多数人都认为，只要自己表现好，工作好，迟早会传到上司耳中。可惜情况不是这样，可能你工作相当出色，而上司根本不知道。因此，我们不仅要做得好，也要能说得好，这样才能得到上司的赏识。

沟通处方

面对上司时，很多人往往觉得不知所措，总是担心说错话给自己带来麻烦。其实大可不必，面对上司时，只要把握好说话的技巧和分寸，就很容易赢得上司的重视和青睐。

◆ 批评下属的6个原则

沟通案例

"小刘，你到我办公室来一趟！"销售部经理"啪"的一声挂了电话，让刚刚和同事还有说有笑的小刘一下子心惊胆战，硬着头皮走进了经理办公室。

"你这个月的销售成绩怎么这么差啊？你看看人家小马，刚来两个月销售业绩就飙到本月第一名了。你以为我能让你拿这么多的薪水，我就不能让别人拿得比你更高吗？再这样下去，你这个销售冠军还能坐多久？"还没等小刘开口，坐在老板椅上的经理就一顿连珠炮般地轰炸，顺便把一叠厚厚的报表扔在小刘面前。

"经理，我……我有我的解释。"小刘本想趁这个机会就此事与经理正面沟通。

"你别说了，你回去好好反省吧。我再给你一个月的时间，要是下个月你的业绩还不能提升，那我就要扣你年终奖金了。好了，你先出去吧。"经理不耐烦地摆手示意欲言又止的小刘出去。

满脸委屈的小刘无奈地走出经理办公室，越回想经理那咄咄逼人的架势，心里越窝火得厉害。自己从公司创业到现在一直风雨无阻、任劳任怨地开发新客户、巩固老客户，拓展了公司近三分之一的现有市场。客户的投诉率一直保持在全公司最低，年年被评为优秀员工。

这个月，小刘被经理分派到刚开发的新市场，客户数量不多，但与前期相比正以10%的速度扩充。再加上本月由于公司总部发货不及时，很多客户临时取消了订货单，销售额与成熟市场当然不能相比。而小马是新员工，一开始就被安排到原有的老市场，客户源稳定充足，客户关系网坚固牢靠，形势大好，自然丰收在即。小刘觉得经理只看数字不问事实，心里自然觉得委屈。

在案例中，经理始终没有把握好批评的尺度，而是站在一个家长的角度，指手画脚、态度蛮横，不容下属解释，仅以纯粹的业绩量轻率地对下属进行评价。

作为一名领导，经常会面对一些较为棘手的问题。批评是管理的有效方式之一，然而批评也有其方法和技巧。很多领导的批评听起来很中听，下属即使心里难过，可还是会感谢对方的善意。这就是因为他们的批评讲究了分寸、把握了尺度，使批评听起来不那么刺耳。

如果想要使你的批评让下属容易接受，那么你需要掌握以下批评原则。

1. 批评要具体

没有人愿意接受不明不白的批评，所以管理者在对下属进行批评时一定要具体。管理者要让下属明白是什么事情需要批评，批评的原因又是什么。在批评时，管理者最好能与下属一起分析事情的原因。有时，下属会强调是由于其他客观因素造成的后果，与他本人无关。遇到这种情况，管理者不应一概否定下属的观点，应该从多方面帮助下属进行认真分析，让下属弄清楚问题的关键在什么地方。

2. 批评要善意

如果管理者的批评不是善意的，那么批评只能成为下属与管理者冲突的导火索。真诚往往最能够打动人。谁愿意犯错误呢？特别是当事人内心已经很自责时，他们更加需要别人的理解和帮助。

3. 批评要公正

在批评之前，管理者最好能够对事件的过程进行认真而细致的调查。为了防止万一，在批评下属之前，应该让下属仔细地再将事情的经过复述一遍，并让他谈谈个人的看法。有时，你会通过下属的谈话发现一些你以前可能没有注意到的问题。如果这些问题没有得到解决，就不应该急于对下属进行批评。

另外，当事件涉及多位下属的时候。管理者应注意对相关的下属都要进行相应的批评，而不是仅仅只批评其中的一个。如果批评有失公平、公正，会引起被批评者的强烈不满，甚至会产生对管理者的不信任。

4. 批评要及时

在发现下属有错误时，要掌握速战速决的分寸，立即采取行动，随时发现，随时批评，不要拖延，如果不这样做，下属就会想："我一直都是这样做的，怎么你过去就没有批评我呢？"这容易让对方产生种种猜测，以为是另有原因，以致产生不必要的隔阂，而为以后的工作带来阻力。

5. 批评要因人而异

如果知道某个下属的性格较为冲动，就不要过分批评他，而应该心平气和、语重心长。如果有的下属性格温和稳重，则可以顺应他的性格，娓娓道来。一句话，就是你的批评方式应该尽量迎合沟通对象，与他合拍。一个很自卑的人犯错时，我们给予适当的安慰会胜过千言万语，因为他本身已经非常自责了；对于一个很爱面子的人，我们一边批评一边给其台阶下，他会及时纠正自己的失误；而对于一个心服口不服的人，我们没有必要死抓不放，重要的还是看他的行动。

6. 批评要点到为止

妙语精言，不以多为贵。批评人时话不在多，而在精妙。言语精练，往往能一语中的，使听者在短时间里获得较多的信息。一语道破，使对方为之震动，幡然醒悟。如果拖泥带水、东扯西扯，会让人不得要领，就达不到批评的目的了，也会让人觉得自己没有受到尊重。

沟通处方

很多领导的批评听起来很中听，下属即使心里难过，可还是会感激对方的善意。这就是因为他们的批评讲究了分寸、把握了尺度，使批评听起来不那么刺耳。

◆ 先扬后抑，迂回表达

沟通案例

在柯立芝任美国总统期间，他有一位漂亮的女秘书，人虽长得不错，但工作时却经常出错。

一天早上，看到这位秘书走进办公室，柯立芝对她说："今天，你穿的这身衣服真漂亮，正适合你这样年轻漂亮的小姐。"

柯立芝的话让秘书受宠若惊。

接着，柯立芝说："但是，你也不要骄傲。我相信，你的公文也能处理得和你的人一样漂亮。"

从那天起，女秘书在工作中就很少出错了。

一位朋友知道了这件事，就问柯立芝："这个方法很妙，你是怎么想出来的？"柯立芝说："这很简单，你看见过理发师给人刮胡子吗？他要先给人涂肥皂水，为什么呢？就是为了刮起来使人不痛。"

忠言不必逆耳，良药不必苦口。人们津津乐道的逆耳忠言、苦口良药，其实都是笨人的方法。硬碰硬有什么好处呢？说的人生气，听的人上火，最后伤了和气，好心换来了冷漠，友谊变成了仇恨。所以，有些话不能直接说，尤其是逆耳的忠告。当需要指出别人错误的时候，不妨拐一个弯，用含蓄的方式来告诉对方，曲折地表达自己的意见和建议。先表扬后批评就是一个很好的迂回之策。

我们在劝慰和批评别人的时候，总是要加上一句"忠言逆耳"，好像除了以伤害别人的方式帮助他之外我们无计可施。其实，即使是批评，也可以用动听的话，用巧妙的方法，并不一定非得"逆耳"，这就要看你高超的口才技巧了。俗话说，好语一句三冬暖，恶语相向六月寒。好听的话，总是易于被人接受；而逆耳的话，总是引起人的反感，这是人之常情。谁不喜欢听悦耳动听的话呢？

沟通处方

有些话不能直接说，尤其是逆耳的忠告。当需要指出别人错误的时候，不妨拐一个弯，用含蓄的方式来告诉对方，曲折地表达自己的意见和建议。先表扬后批评就是一个很好的迂回之策。

◆ 面对表扬要谦虚

沟通案例

一家单位来了一批大学生，在新员工座谈会上，领导希望新来的毕业生们在见习期内能够结合自己的工作对单位多提意见和建议。

其中有一位学管理专业的同学小章，非常积极地响应了领导的号召，不到一个月时间，就结合自己所学的专业，写出了一份洋洋万言的建议书，从部门设置、工作流程、作息时间等很多方面，找出不少"毛病"，并提出了改进意见。之后，领导在大会上隆重表扬了他。

他认为自己是科班出身，在管理理论上比别人懂得多。在以后的工作中，他壮志满怀、锋芒毕露，而周围的同事却对他敬而远之。渐渐地，他失去了好人缘，而他在建议中提到的问题并没有什么改变。

为此，他很苦恼，见习转正后不久就辞职离开了单位。

所谓"当局者迷，旁观者清"。从小章的经历中，我们可以得到这样的启示：职场上为人处世一定要谦虚，不可自以为是、锋芒毕露，不要不分场合地过分显示自己。

职场中，如果你很优秀，当然会得到许多表扬。面对这些赞扬该怎么对待，确实是一件不好把握的事情。

谦虚是做人的优点，体现着品格的高尚，谦虚的人总有好人缘。在职场上，我们常常会遇到这样一些人，他们往往才华横溢，充满抱负和追求，喜欢表现自己，生怕自己的能力不为人所知，而且会显示自己不同于常人的优越感，希望因此得到同事们的钦佩和尊重，但结果常常事与愿违。

要想在职场上成为优秀的一员，做法很简单，就是谦虚待人、诚心待事，脚踏实地地赢得认可，从而取得做人和做事的成功。

谦虚的人会给人以亲切感，更容易取得别人的信赖，加上实际工作中表现出来的能力，就会赢得别人的尊重。

职场上学会对自己的成绩轻描淡写，"才美不外见"有时比表现自己的强大更为重要。谦虚的人能够给别人一种心理上的平衡，不至于让别人感到卑下和失落。

谦虚甚至可以让你的潜在对手感到自己的高贵与强大，由此产生他希望获得的优越感。这种优越感，往往会给谦虚的人潜心做事扫除阻力，形成良好的外部氛围，可以在别人的"忽视"中一步一个脚印地前进。

沟通处方

在职场上，我们常常会遇到这样一些人，他们往往才华横溢，充满抱负和追求，喜欢表现自己，生怕自己的能力不为人所知，而且会显示自己不同于常人的优越感，希望因此得到同事们的钦佩和尊重，但结果常常事与愿违。

◆ 与领导沟通，学会换位思考

沟通案例

关鹏是一家知名软件公司的销售总监。他的顶头领导王总是搞技术出身的，由于工作重点长期落在研究和开发领域，对销售一知半解，但却经常随便地插手销售部的事。碍着面子的关鹏哪怕王总指挥错了，也顺从地去做。

不久，销售部的体系被折腾得乱七八糟，销售业绩也一跌再跌。一时间，高层批评，属下埋怨，让圈子里曾经赫赫有名的销售大王关鹏头晕眼花，有苦说不出。并且，他还无法与领导说明白。

关鹏经过思考，决定采用兼并策略，就是用自己的销售智慧把不懂销售的王总给兼并了，让王总在销售方面跟着自己的思路走。为了照顾王总的面子，关鹏首先把过去的失败写成总结，并检讨自己过于懒散，不够努力；然后提出挽救和解决的捷径。为了得到王总支持，他还特意列举了现在的市场背景以及同行业公司的成功案例。

同时，他主动出击，就是在王总还没有开始指挥的时候，就把处理事情的几种方式、路径，每一种方式和路径的利弊等都详细列出后，去虚心地请教王总。王总再不懂销售，也知道应采用成本最少赚钱最多的那套销售方案。

成功"兼并"了王总的关鹏，在销售方面因为业绩的持续攀升，而得到了董事会的认可与赞赏。王总也渐渐地退后，把更多的时间用在自己的专业以及人事、财务的管理上，企业的不稳定因素完全得到了控制，公司运营进入了高速发展状态，关鹏的各项工作顺风顺水，渐入佳境。

从关鹏的经历中我们可以得到很好的启发："兼并"领导的立场，的确不失为与不懂装懂的领导沟通的上等策略。首先，它没有排斥领导的观点，而是站在领导的立场上，最终是为了维护领导的权威，出发点是善意和良性的。其次，为了更有效地说服领导，关鹏针对实际问题，多陈述事实材料和数据，让事实出来说话，然后对其进行"顺水推舟"的提醒和说服，进而达到说服效果。这些既是对工作尽职尽责、兢兢业业的表现，又是对领导的爱护。

这种策略是一种温和的方式，能够充分照顾到领导的面子和自尊，易于被领导接受，效率较高。

下级跟上级说话的表现，不只影响上级对你的评价，有时甚至会影响你的工作和前途。可以说，如何与上司相处，这不仅仅是一个人际关系的问题，说得严重点，可以说是关系到一个人"安身立命"的大问题。

如何与自己的上司建立融洽的关系，是我们日常沟通的一个重要课题。面对上司，你可能有许许多多的看法，你可能把他看作自己的朋友，也可能把他看作自己的"敌人"。既然如此，倒不如运用你的沟通技巧，请他站到你这一边，与上司建立良好的人际关系。这样，你们双方都会感到很愉快。

好员工往往懂得换位思考，他们善于站在他人的立场上考虑问题，设身处地为领导着想，能够感受和体谅领导的苦衷，在必要时还会挺身而出，为领导排忧解难。这样的员工才能把领导的工作当成自己的工作，愿意为工作付出热情、做出牺牲。

领导喜欢积极主动工作的员工，及时主动汇报工作进度，为领导提供合理的建议，也就是间接地告诉领导：你一直在努力工作。领导不可能事无巨细，面面俱到，必须通过员工才能了解具体的工作情况。

与领导沟通，要使对方能感受到你对他的尊敬。由于每个人看事物的角度不一样，会产生不同的处理问题的方法。因此，和领导谈话要先分析原因，懂得换位思考，站在对方的角度看待问题，多体谅、理解领导。这不仅有利于工作的顺利进行，还能在领导面前树立良好的形象，得到领导的赏识。

沟通处方

和领导谈话要先分析原因，懂得换位思考，多体谅、理解领导。这不仅有利于工作的顺利进行，还能在领导面前树立良好的形象，得到领导的赏识。

◆ 谨慎处理与同事的关系

沟通案例

霍斯曼是一位著名工程师。有一次，他想换装一款新式的产量指数表。他知道有一个工头肯定会反对，为此而冥思苦想。

一天下午，霍斯曼拿了一些文件去向工头征求意见，腋下还夹着一个新式指数表。当他们讨论文件的有关问题时，霍斯曼不停地把指数表从左腋换到右腋，又从右腋换到左腋。

霍斯曼转移了好几次，工头终于开口了："你拿的是什么？"

"哦，这不过是一个新的指数表。"霍斯曼漫不经心地回答。

"让我看一看。"工头说。

"这个你没必要看的。"霍斯曼假装要走的样子，还说，"这是给别的部门用的，你们部门用不上这种东西。"

"但我很想看一看。"工头仍然坚持要看。

于是，霍斯曼又故意装出一副很勉强的样子，把指数表递给工头。在工头审视指数表的时候，霍斯曼就随便而又非常详尽地把指数表的功用讲给他听。

听后，工头叫喊起来："我们部门用不上这东西吗？哎呀！这正是我早就想要的！"

霍斯曼看似无意的举动其实是他精心设计的，因为直接提议更换指数表，可能被工头一口拒绝。对待固执的人如果开门见山，即使磨破嘴皮说明新式指数表的优点，工头也不愿意接受。霍斯曼巧妙地运用了欲擒故纵的方法，让工头先对新式指数表产生兴趣，然后再进一步说明其优点，最终不动声色地让对方主动要求更换指数表。霍斯曼在合适的时机说明了指数表的优势，从而使工头自愿使用新式的指数表。

在工作中，我们若想寻求同事的帮助，要善于找合适的理由，使对方在心理上愿意接受。

身在职场，必须面对复杂的人际关系网络，同事之间既互相依赖又互相竞争，实现自己的目标。

同事之间交流最多的是工作。为了工作，有争议也很正常，不过要注意，别把"争议"演变成"争吵"。聪明的人知道发脾气是最愚蠢的行为，因为这不但不能解决问题，反而会使自己成为办公室里的"刺猬"。面对争议，以柔克刚是聪明人的做法，这样既不会伤和气，又能达到共同的目的。失去理智的吵闹，甚至用言语攻击的做法是缺乏修养的表现。与同事讨论工作的原则是：针对事情而不针对人；要用无可辩驳的事实从容镇定地说服对方。

同事间相处难免会产生误会，巧妙地化解这些摩擦，也是一项重要的本领。和同事产生误会后，首先要做的不是为自己辩解，而是真诚地向对方表明心迹，找到问题的症结，及时解决。在摩擦的端口上，每个人都会有抵触情绪，这时解释往往越描越黑，起到反作用，在必要的时候可以请别人帮忙调和。

同事间的误会，很多是一时的口无遮拦引起的。与同事相处，首先要注意自身的言行，避免因为口误造成不愉快。如果不小心说话伤了人，一定要及时纠正，避免对方难堪，以免产生隔阂。当然，办公室也会有些尖酸刻薄之人。遇到这种人，不要以硬碰硬，而要巧妙地运用智慧予以反击，不动声色地惩罚，更能体现修养和气度。

有的人喜欢对同事评头论足，这是不成熟的表现，因为每个人都有自己的原则，对别人指手画脚会招来同事的厌烦。搬弄是非、胡说八道更不可取，这样的行为不仅不利于团结，而且会严重影响工作的顺利进行。我们要在办公室里营造和睦的气氛。

与同事相处，话太少不行，人家会认为你不合群、孤僻、不善交往；话多了也不行，容易让别人反感，而且也容易让别人误解，认定你是个乌鸦嘴。所以，说话一定要讲分寸，该说的，一定要说，说得到位；不该说的，一定不说，要恰到好处，适时打住。

不管同事怎样冒犯你，或者你们之间产生什么矛盾，总之"得饶人处且饶人"，多一句不如少一句，凡事能够忍让一点，日后你有什么差错，同事也不会做得太过分。

偶然发现某位跟你十分投缘的同事，竟然在背后四处散播谣言，数说你的不是和缺点，这时你才猛然觉醒，原来平日的喜眉笑目，完全是对方的表面文章。你会痛心地想，跟他一刀两断吧。然而，大家是同事关系，你若摆出绝交态度，一定吃亏。别人会以为你主动跟他反目成仇，问题必然出在你身上，这无形中给对方借口去伤害你，这样做就太不理智了。

更何况，你俩还有合作机会，上司也最不喜欢下属因私事交恶而影响工作。所以，你应该冷静地面对，千万别说出过火的话来，这样对谁都不利。

"谁人背后无人说，谁人背后不说人。"这话虽然说得有些绝对，却也说明了一个道理，那就是，大多数人多多少少地在背后说过别人，只是所说的内容就无从考证了。不过有一点，经常在背后说别人坏话的人，肯定不会是受欢迎的人。

凡是有点头脑的人，都会自然而然地这么想：这次你在我面前说别人的坏话，下次你就有可能在别人面前说我的坏话。这样一来，在别人的印象中就不可能好到哪里去。

在职场中，常常会遇到别人在你面前说另一个人的坏话，对此，你就得端正态度，用辩证的思维考虑这种情况，把握好应对的分寸。

沟通处方

在既矛盾又统一的合作背景下，与同事之间进行沟通，必须开诚布公、相互尊重，同时要注意沟通技巧，要选择适当的方式，使大家和睦相处，和谐共事。

第九章　调和矛盾的沟通术

生活中难免会有磕磕碰碰的事情。面对这些磕磕碰碰的事情，如果不及时进行沟通，就可能会激化矛盾，甚至使矛盾达到无法调和的地步。

◆ 宽恕别人的错误

沟通案例

一对老夫妻经济条件不错，理当是安享晚年的时候，却一起找律师要求办离婚。原因是自从结婚以来，两人争吵不断，老是意见不合。个性上又南辕北辙，十分不和谐。

二十多年的婚姻生活，要不是为了孩子着想，早就劳燕分飞了。好不容易总算盼望到孩子成年，再也不需要父母操心，为了让彼此在晚年能自由地生活，不用再忍受那么多无谓的争吵，决定办离婚。

他们来到律师面前，让律师也面有难色，律师费都有点不好意思拿了，于是他提议办完手续后，三人一起吃顿饭。老夫妻想了想，虽然离了婚，两人又没有什么深仇大恨，吃顿饭总可以吧！

　　餐厅里面气氛非常尴尬。正巧服务生送来一道烤鸡，老先生马上夹起一块鸡腿给老太太说："吃吧！这是你最喜欢吃的。"律师眼睛一亮，心想事情也许会有转机哦！未料老太太红着双眼说："我很爱你，但你这个人就爱自以为是，什么事都自己说了算，从来不管别人的感受，难道你不知道，我这辈子最讨厌吃的就是鸡腿吗？"

　　这时老先生也有点哽咽地说："你总是不了解我爱你的心，时时刻刻我都在想，要如何讨你的欢心，总是把最好的留给你。你知道吗？这辈子我最喜欢吃的就是鸡腿。"

　　律师看在眼里，不免鼻头一酸，两个如此深爱着彼此的人，却因为沟通出了问题而面临分开的局面。

　　这篇文章很感人，两个彼此深爱的人，因为缺少沟通，以致造成了无法弥补的悲剧。爱并不仅仅是给予奉献，更需要俩人之间心与心的沟通和交流。

　　生活中，夫妻间存在一些磕磕碰碰在所难免，这要看一个人对事情的理解程度，也是性格所决定的。当然，心态也很重要。有的人，只用很短一段时间就能调整过来，有的人却需要很长一段时间，还有的人或许永远也调整不过来。

　　多想想一个人的优点和他的长处，不管是爱人也罢，周围的人也罢，心情顿时就会云开雾散。一味地想一个人的缺点，越想越觉得这个人一无是处，心情也会越想越糟。

　　婚姻最重要的是宽容。最长久的婚姻也依然有无数次的争吵和斗争，别让无意的玩笑引发无数的战争，微不足道的细节也会成为分道扬镳的杀手。

　　爱，需要细心地品味；爱，需要慢慢地感受；爱在记忆中寻找，爱在生活的琐事中。爱需要包容但不是纵容，需要相互理解，更需要沟通。

小宋特别喜欢打麻将，一有机会就会约上几个朋友玩，免不了有输有赢。当然啦，赢了时兴高采烈，输了就有点不舒服。妻子通晓事理，不大赞成小宋这样，但并没有硬来。

一天，小宋打了几圈牌回来，输了点钱，有些闷闷不乐。妻子关切地让他休息，劝慰地说："你不要把打麻将看成赌博嘛，几个老朋友在一起玩，你把它看成一项娱乐活动好不好？娱乐总要消费，打保龄球、去歌厅哪有不花钱的？输了钱，你就当雇了几个人陪你玩好了，反正你爱玩这个。"

小宋见妻子不但不埋怨自己，还有这样一番见解，不由乐了。

妻子又说："咱们现在没小孩，没什么家务事，周末你去放松玩一会儿没什么，但要健康娱乐，不要时间过长，七八圈就行了吧。以后工作忙了，家务事多了，你想玩都玩不成了。你其实挺有自制力的，注意点就行了，输赢无所谓，开心就行。"

妻子一番话，说得小宋很高兴。后来，他玩麻将的次数越来越少，瘾头渐渐也不那么大了。一旦玩的时候，想起妻子的话，非常放松，战绩也越来越好。工作忙起来，家里有了小孩之后，他一年也玩不了几回，小两口的日子过得甜甜蜜蜜的。

任何娱乐活动都要有个节制，妻子并没有跟小宋直接说，而是以宽容的见解让事情往好的方向发展。

在生活之中，爱人之间不过分地吹毛求疵，凡事留有回旋的余地，对微末枝节的小事不妨姑且放过，这是一个极好的处事信条。要知道，宽恕别人的错误，就是帮助别人改正错误；用以牙还牙、以血还血的态度处理事情，只能激化矛盾，闹得两败俱伤。

沟通处方

爱，需要细心地品味，需要慢慢地感受；爱在记忆中寻找，爱在生活的琐事中。爱需要包容但不是纵容，需要相互理解，更需要沟通。

◆ 不过分地吹毛求疵

沟通案例

为了解决自己的婚姻问题，一位先生走进了一家婚姻介绍所。

一位工作人员把他领进了屋，对他说："现在，请您到隔壁的房间去。那里有许多门，每扇门上都写着您所需要的对象的资料，供您选择。祝您好运！"先生谢过了工作人员，向隔壁的房间走去。

房间里有两个门，第一扇门上写着"终身的伴侣"，另一扇门上写着"至死不变心"。先生忌讳那个"死"字，于是便迈进了第一扇门。

接着，他又看见两扇门，右侧写的是"浅黄色的头发"。应当承认，不知道为什么，有些男士总是比较喜欢长着浅黄色头发的女性。于是，先生便推开了右侧的那扇门。

进去以后，还有两扇门，左边写着"年轻美丽的姑娘"，右面则是"富有经验、成熟的女性"。可想而知，先生进入了左边的那扇门。

可是，进去以后，又有两扇门，上面分别写的是"疼爱自己的丈夫"和"需要丈夫随时陪伴她"。以后还有"双亲健在"和"举目无亲"。"忠诚、多情、缺乏经验"和"有天才、具有高度的智力"。先生都一一做了选择。

最后的两扇门对男士来说是一个极为重要的抉择：上面分别写的是"有遗产，或富裕，有一栋漂亮的住宅"和"凭工资吃饭"。这位先生理所当然地选择了前者。

当推开那扇门时，先生还准备继续选择，却已经上了马路啦！

那位工作人员向男士走来。他交给这位先生一个信封，信纸上写着："对不起，您的要求太高了，我们这里没有适合您的。"

这个故事在网上流传了很久，被许多未婚和已婚人士推崇，因为它生动地告诉了我们一个很简单的道理：生活中，我们每个人几乎都像故事中的男士一样完美地选择自己的爱情，校正自己的婚姻，却从未认真地从中去体会和拥抱自己已经拥有的幸福。追求完美的婚姻，而不是苛求完美的婚姻，别让这一字之差，轻易夺走你和所爱之人的幸福。

沟通处方

美好的爱情拒绝完美主义，因为追求完美意味着求全责备，意味着强调索取，而非奉献。没有奉献，爱情终将暗淡。一味追求完美，爱情就会消逝。

◆ 夸出来的好丈夫

沟通案例

美国大文豪霍桑未成名之前是个海关的小职员。

有一天，他垂头丧气地回到家对太太说："我被炒鱿鱼了。"

他的太太苏菲亚听了之后，不但没有愤怒地责骂他，反而兴奋地叫了起来："这样你就可以专心写书了。"

"是呀，"霍桑苦笑着回答，"可我光写书不干活，我们靠什么吃饭啊？"

这时苏菲亚打开抽屉，拿出一沓为数不少的钞票。

"这些钱从哪里来的？"霍桑张大嘴，吃惊地问。

"我一直相信你有写作的才华，"苏菲亚解释道，"我相信总有一天你会写出一部名著，所以每个星期，我都把家用省下来一点，现在这些钱够我们用一年了。"

有了太太在精神与经济上的支持，霍桑果真完成了美国文学史上不朽的巨著——《红字》。

男人都喜欢听到自己妻子的赞美，特别是在他失意的时候。如果你想让你的丈夫成功，那么不要吝惜你的赞美。

长久以来，人们谈到了丈夫对妻子的赞美，却往往忽视了妻子对丈夫的赞美，其实这是不对的。在一个家庭里生活绝不能说谁的赞美更胜一筹，这种赞美应该是平等的。妻子没有丈夫的赞美会失去信心，丈夫得不到妻子的赞美也会一蹶不振。

妻子称赞丈夫时，要把自己放在次于丈夫的位置上。对他表示出崇敬、仰慕、依赖，这样来表达出自己对他的爱与赞美。丈夫由此而感受到被尊敬的感觉，就会更加奋进，给你更多的幸福。

也许会有些妻子感到不满，觉得凭什么要把我们女性放在次要的位置上，好像整个家庭就男人最重要似的。其实，并不是这样。家庭生活中谁付出的多少是不能用天平来衡量的。若你真的在乎那么多，也就不是真正地爱着这个家庭。

妻子称赞丈夫，可以从小事做起。家庭生活中，夫妻恩爱的点点滴滴都体现在一些琐碎的小事上。因此，不要只看到丈夫比较明显的优点，以此来赞美，而要在平日里的生活细节中发现丈夫的优点，大大地夸赞一番。

丈夫听了这些赞美之后，定会觉得你是个细心的女人，认为你能事事都察觉出他的优点，你对他是真心的。丈夫也就会自然而然地多注意你平日里的优点，这样两人的感情就会越来越深厚。

妻子要多在外人面前赞美丈夫。男人都有种自负心理，妻子在外人面前多赞一赞丈夫，会使其自负心理得到充分的满足。丈夫觉得自己的妻子知书达理，有眼光，而且以嫁给自己为荣，就会感到十分荣幸。他就会觉得不应辜负妻子对自己的期望，不能背叛妻子在众人面前对自己的赞扬，也就会更加爱护自己的妻子。

沟通处方

妻子要多在外人面前赞美丈夫。男人都有种自负心理，妻子在外人面前多赞一赞丈夫，会使其自负心理得到充分的满足。

◆ 丈夫要学会倾听妻子的心声

沟通案例

一个生意人衣锦还乡，发现10年前的一家食品杂货店还在营业，店主仍是从前那位女士。

一天，他和店主闲谈，问："现在城里到处是购物中心和超级市场，你这家小店怎么能和人家竞争而不被淘汰？"

店主说："没关系，在我有生之年，这店一定能开下去，而且一定会生意兴隆。因为我这里还有一种近乎绝迹的服务。""什么服务？""客人来买东西，常说物价上涨，或世风不正，等等。多数店家太太太忙，哪有工夫去听顾客谈论？但我却不然，我就爱听顾客们说东道西，发发牢骚。所以，许多顾客还是愿意到我这里来买东西。以后我也这样做。"

人们最需要和最渴望的是精神上的满足——被了解，被肯定，被赏识。这种心理上的需求，在现代生活中，显得尤为突出和普遍。然而，人们却往往因为交流不利而造成相互之间的隔阂。

我们对一个人的了解和关心可以是多方面的，如听别人谈论，看此人写的东西，给此人写信和打电话，等等。但是，最佳方式是与这个人面对面地交谈，听他诉说自己的心里话，这样才能真正了解别人并表示关心。

用心倾听的最大好处就是深得人心，容易增加对方的信任度。每个人都需要有忠实的听众，这一点在工作关系和友情上很重要，在婚姻与家庭的生活中尤其重要。你的亲人和好友并不需要你的忠告和教训，却很需要你听他倾诉衷肠。一个人心里有话，在亲友面前不能痛痛快快地说出来，或是说了对方不爱听，那么他对这个家庭或某个朋友还会有感情吗？设身处地地倾听，不但可以了解对方的真实情况，还非常有助于增进彼此间的感情。

在夫妻生活中，倾听妻子的心声，对于加强和巩固夫妻感情有着至关重要的作用。耐心地倾听她对你所说的话，就是丈夫获取妻子青睐的法宝。

沟通处方

用心倾听的最大好处就是深得人心，容易增加对方的信任度。每个人都需要有忠实的听众，这一点在工作关系和友情上重要，在婚姻与家庭的生活中尤其重要。

◆ 宽容是善待婚姻最好的方式

沟通案例

有一对金婚夫妇，虽然都已白发苍苍，但却精神抖擞。两人经常出双入对，相敬如宾，窃窃私语，简直如同初恋的情人。

在金婚纪念宴会上，有人向他们索要金婚的钥匙，问老太太："伯父这一辈子难道没做过错事让您生气吗？"

老太太抿嘴一笑："有哇。不过，我多是视而不见。比如，当我怀着第一胎摇摇晃晃地到医院做检查时，竟然撞见他手捧鲜花正在重症床前探望他的第一个恋人。"

接着，有人又问老伯："伯母这一辈子没骂过您一句吗？"

老伯乐呵呵地答道："骂呀，还骂得很凶呢，不过我总是充耳不闻。有一次，我夜里看书，不小心弄倒了油灯烧坏了被窝。她不停地骂了我十天半月。"

看来，金婚的钥匙就是"视而不见"，就是"充耳不闻"，就是对对方的缺点、错误予以谅解、忍让和宽容。

保持婚姻幸福的秘诀不是别的，就是宽容。宽容中包含着理解、同情与原谅，也就是最大限度地接受对方。夫妻之间的宽容乃是夫妻和睦、婚姻美满的纽带，是爱心与信任的展示。夫妻关系离开了宽容，那是不可想象的。

理想中完美的人是不存在的，每个人都有自己的长处与短处，期望自己的配偶十全十美，那是不现实的。你既然深爱着你的配偶，就要包容他（她）的一切，既欣赏他（她）的优点，也要接纳和原谅他（她）的缺点。

所谓"宽容"，并不是指在大的原则问题上不讲是非，而是指在原则许可下的理解与谅解，是一种真正的爱。夫妻关系中宽容一分，婚姻就会美满一分。宽容是融化夫妻之间冰块的一剂良药。

乡村有一对清贫的老夫妇。有一天，他们想把家中唯一值钱的一匹马拉到市场上去换点更有用的东西。

老头子牵着马去赶集了。他先与人换得一头母牛，又用母牛去换了一只羊，再用羊换来一只肥鹅，又由鹅换了母鸡，最后用母鸡换了别人的一大袋烂苹果。在每一次交换中，他倒真还是想给老伴一个惊喜。

当他扛着大袋子在一家小酒店歇气时，遇上两个英国人。闲聊中，他谈了自己赶场的经过。两个英国人听得哈哈大笑，说他回去准得挨老婆子一顿揍。老头子坚称绝对不会。英国人就用一袋金币打赌，如果他回家未受老伴任何责罚，金币就算输给他了。于是，三人一起回到老头子家中。

老太婆见老头子回来了，非常高兴，又是给他拿毛巾擦脸，又是端水解渴，听老头子讲赶集的经过。老头子毫不隐瞒，全过程一一道来。每听老头子讲到用一种东西换了另一种东西，她竟然十分激动地予以肯定。"哦，我们有牛奶了。""羊奶也同样好喝。""哦，鹅毛多漂亮！""哦，我们有鸡蛋吃了！"最后听到老头子背回一袋已开始腐烂的苹果时，她同样不愠不恼，反而说："我们今晚就可吃到苹果馅饼了！"

结果，英国人输掉了一袋金币。

夫妻的恩爱、宽容是善待婚姻的最好的方式，充分理解对方的行事做法，不苛求不责怨，必然给对方以爱的源泉。

夫妻之间最重要的基础是宽容、尊重、信任和真诚。即使对方做错了什么，只要心是真诚的，就应该重过程、重动机而轻结果，这样才能有家庭的和睦。

沟通处方

宽容中包含着理解、同情与原谅，也就是最大限度地接受对方。夫妻之间不能不宽容，不可不宽容。宽容乃是夫妻和睦、婚姻美满的纽带，是爱心与信任的展示。夫妻关系离开了宽容，那是不可想象的。

◆ 勇敢说出你的爱

沟通案例

一个远在国外的丈夫到邮局给他的妻子拍电报，全文是："亲爱的，我在国外很想你，祝你圣诞快乐。"

当他掏钱付款时，发现身上带的钱不够，于是他对邮局的小姐说："为了省钱，我可不可以去掉几个不必要的字呢？"

小姐说可以，但当她接过那男子删改过的电文时，发现去掉了"亲爱的"三个字。

于是，邮局那位小姐说："先生，你还是把'亲爱的'三个字添上吧，钱由我来付。你不知道，这三个字对于一个女人来说有多么重要。"

如果你爱上一个人，憋在心里不说，对你来讲既是难受的，同时也是很错误的。如果对方也喜欢你，而你不把爱说出来，就可能错过一份好的机缘。假如对方不喜欢你，而你总是惦记着这份感情，就会陷入单相思之中，既是在浪费时间又是在浪费感情。

爱情的道路上没有对与错，无论结果如何，都要将爱说出口，即使遭到拒绝，也不是什么丢脸的事情。爱与不爱都很正常。

一对青梅竹马的年轻人在野外散步。

女孩含情脉脉地说："你知道吗？听人说，如果男人的臂长等于女人的腰围，他们就能成为夫妻。"

男孩摇摇头说："这个我不知道！"

女孩见他无动于衷，又说："我也不知谁的臂长跟我的腰围等长。"

男孩听不出女孩的言外之意，反而跑过去找了一个藤条，要为她量量腰围。事实上，他心里对女孩早已动了情，可是每次都不懂女孩的暗示。时间一久，女孩就对男孩彻底失望了，认为对方对自己没有意思，只好走开了。

不能把爱说出口，也许会使你失去一份来之不易的友谊，也可能会使你失去一个心仪已久的恋人。

沟通处方

爱情的道路上没有对与错，无论结果如何，都要将爱说出口，即使遭到拒绝，也不是什么丢脸的事情。爱与不爱都很正常。

◆ 开玩笑要把握好尺度

沟通案例

愚人节的前一天，广州的蒋先生接到一个外地朋友的电话，说第二天要来广州，详细告诉了蒋先生航班，请蒋先生到机场去接，并帮他预订酒店。见是关系很不错的朋友，蒋先生尽管工作很忙，还是满口答应了。

第二天，蒋先生先帮朋友订好了酒店，又开车赶到机场去接，但苦等五个多小时也没见到朋友，却只收到朋友发来的短信，说："今天是愚人节，跟你开个玩笑。"

蒋先生很生气，认为那个朋友的玩笑开得太过分了。自此，蒋先生与那个朋友的关系也就疏远了。

一般情况下，开玩笑往往以某人为对象，利用他的缺失，制造一个笑话；或利用他平常的言行，制造一个笑话。但是，取笑也要注意分寸，在可接受的范围内，大家欢乐；超过了分寸，便搞得不欢而散了。

笑话的内容，要针对听笑话的人。对有地位、有学问的人说粗俗的笑话，会显出你的鄙陋；对普通人说高雅的笑话，他们无法领会，不会觉得好笑。

开玩笑讲究分寸的原则，也同样适用于职场。比如，以前的同学或朋友，成为自己的上司，不要自恃过去的交情就与上司随便开玩笑，特别是有他人在场的情况下，更应该格外注意。上司永远是上司，最好不要期望在工作岗位上能成为朋友。另外，也不要大大咧咧总是开玩笑。

因为这样时间久了，在同事面前就显得不够庄重，得不到同事的尊重；在领导面前，会显得不够成熟，不够踏实，领导很难信任你，不能对你委以重任。

如果你在办公室工作，不论日后是想仕途得意平步青云，还是想就此默默无闻地过太平日子，都要在办公室这个无风还起三尺浪的地方注意开玩笑的艺术。即使最轻松的玩笑话，也要注意掌握分寸。

每个人的性格、脾气和爱好不同，因而开玩笑要因人而异，还要注意长幼关系。长者对幼者开玩笑，要保持长者的庄重身份；幼者对长者开玩笑，要以尊敬长者为前提。开玩笑还要注意男女有别。男士一般对语言的承受能力较强，一般的玩笑不会让男士感到太尴尬；而女士则不同，不得体的玩笑很容易让女士难堪，甚至下不了台。所以，开玩笑前一定要先想一下，对方的性格是什么样的，你和对方的关系如何，你开这样的玩笑对方是否能接受。

最好不要随意拿感情上的事开玩笑。特别是对于很重感情、很认真的人，在感情上开玩笑，不是说完就完了，有可能留下"后遗症"。受伤害的人可能会很长一段时间不能原谅开玩笑的人。

有一对青年男女正在谈恋爱。有一天，男青年突然对女青年说："咱们分手吧！"女青年问："什么理由？"男青年想想说："没有理由才说明我们需要分手了。"女青年自然很是伤心，但也不想勉强。两天后，男青年又出现了，笑称："那天是愚人节。我说分手是和你开玩笑呢。"女青年听后异常气愤，认为感情的事不能当儿戏，断然与男青年分手了。若干年后，男青年还在为当年的事后悔。

开玩笑最好是在比较密切的朋友之间。有一定感情基础，在一起开个玩笑，朋友一般不会介意。但是如果关系一般，或者平常较少联络，冷不丁开个不大不小的玩笑，会令人感到莫名其妙，不仅收不到玩笑预期的效果，还会令对方猜测半天："你什么意思啊？"

开玩笑原本是一件好事。恰到好处的玩笑可以让大家开怀一笑，活跃一下严肃的气氛，消除对方的紧张感和敌意，拉近彼此之间的距离。许多大人物都是开玩笑的高手，能在不同的场合与不同的人们交流得很融洽。然而，许多开玩笑者原本没有恶意，玩笑却不恰当，往往弄巧成拙，搞得对方不愉快，反而影响了双方的感情。

在开玩笑时注意以下几个方面，可以收到良好的效果。

1. 宗教和民族禁忌

在各种各样的玩笑中，有几类玩笑绝对是禁区。比如，对方的宗教问题和对方的民族问题。对于一个有宗教信仰的人，无论你对宗教的态度如何，对方总归对该宗教有一种绝对的信仰和崇拜，将其视为神圣不可侵犯的，如果你开的玩笑是贬低或者侮辱该宗教的，对方肯定会对你充满了敌意。一个正常的人，总归是热爱自己的民族的，所以不要拿带有贬低或者侮辱对方民族的笑话来取笑。

2. 对方对玩笑的态度

每个人的性格都是不一样的。有些人喜欢开玩笑，越是跟他开玩笑，他越是觉得你把他当朋友，这种人开得起玩笑；有些人正好相反，天生严肃认真不苟言笑，稍微说得过了一点，他就当真，这种就属于开不起玩笑的人。对于后者，你最好还是不要冒这个险，和他开的玩笑，万一他没笑，反而较真起来就不好玩了。

3. 不要揭对方的短

即使面对的是一位开得起玩笑的人，你开玩笑的时候还是要注意，千万别有意无意中揭了对方的短处。比如，你讲了一个取笑胖子的笑话，一般的人听了就一笑而过，可是如果听众当中正好有一位比较胖的人，他就会觉得很受伤，偏执点的可能还会认为你是专门针对他的。所以，开玩笑要稍微了解一下对方的情况，对于对方的生理缺陷、性格弱点之类的，千万不要拿来取乐，即使是无意的也不好。

4. 分清时机和场合

有些人平时明明是开得起玩笑的人，也很爱开玩笑，但是在特定的时期，他可能会变得与平时不一样。比如，他最近生活上、工作上、感情上遇到了挫折，情绪变得很不好，这个时候和对方开玩笑，就显得不合时宜了。所以，如果原本阳光灿烂的人，突然变得愁容满面或者满脸忧伤，你在和他开玩笑之前就得掂量一下了。

沟通处方

在日常聊天中，开个得体的玩笑，可以松弛神经，联络感情，活跃气氛。不过，开玩笑也要讲究分寸，如果玩笑开得不好，不仅达不到聊天的目的，还可能适得其反，伤害彼此的感情。

◆ 话不投机半句多

沟通案例

小靖曾有过一次痛苦的爱情经历。她爱男朋友如醉如痴，可是，男朋友却脚踏几只船，终于抛弃她跟别的女孩子浪漫去了。

一次，她与第二位男朋友小夏约会时，小夏问她："你对爱情中的普遍撒网，重点逮鱼，怎么看？"

没想到小夏话一出口，小靖不但没搭理他，而且脸色霎时变得很难看。

小夏明白自己误入了情人的"雷区",赶紧补充道:"啊,请别介意,我是说,我有一个讽刺对爱情不忠的故事献给你,故事说有一个对太太不忠的男人,经常趁太太不在家把情妇带回家过夜,但又时常担心太太会发觉。所以,有一天晚上,他突然从梦中惊醒,慌忙推着身边的太太说:'快起来走吧,我太太回来了。'他的太太也从梦中清醒,他一下子傻了眼。"

还没等小夏讲完,小靖已被他的幽默故事逗得喜笑颜开。

小夏首先运用故事转移了谈话的方向,然后用幽默的感染力,淡化了因说话不慎而给小靖带来的不快,从而自然巧妙地把可能出现的"冷场"转变过来,赢得了心上人的开心一笑。

有时候,冷场是由对方造成的,这时候,就应该采取措施,调动对方,打破冷场。

寻求共同点是一个不错的方法。如果对方对此话题不感兴趣,这时就要转移话题,寻找双方共同感兴趣的话题和双方可以接受的观点。这些话题最好就是身边的,具体而生动的。当双方谈话进行得不顺利时,如果外面有刺耳的汽笛声,你就可以说:"这么大的噪声,真够人受的了。"对方也有同样的感受,可能因此就又同你交谈起来了。

一位记者去采访一位科学家。到了科学家那儿,记者看到墙上挂着几张风景照,于是就谈起了构图、色调……原来这位科学家爱好摄影。科学家兴致勃勃地拿出了自己的相册,向记者展示自己曾经的辉煌。正是这种融洽的气氛,使后面的正题采访进行得非常顺利。

在谈话开始的时候,你就要一直把注意力集中在眼前正在交谈着的信息上,抓住每一个要点,思考每一句话的意义,从眼前开始不断扩展谈话的题材，那么思想的源泉就会不断涌出，谈话的线路也就畅通无阻。

交谈时的"冷场"，并不总是出现在开始，有时与对方谈着谈着，对方突然沉默起来，你也忽然感到无话可说了。这多半是因为你们的注意力没有高度集中在交谈上，没有扩展你们的思想，或者没有把你们的话题和眼前的一切联系起来，所以本来谈得很好的话题，突然"短路"了。

能够专心致志地与人谈话，积极对谈话内容做出反应，不断"刺激"谈话的发展，提高谈话的热度，那么，你们的谈话就会在一来一往，你言我语，谈笑风生中进行。

如果你与对方的志趣不同，当然很容易使人感到"话不投机半句多"，难以产生共鸣。不过，不同中未必就一定找不到任何共同点。

比如，你爱读书写字，他爱唱歌跳舞，可能共同的话题少一点，但你们总要看电影、看电视吧。不谈读书写字，也不谈唱歌跳舞，从当前国内外的电影、电视节目入手，总可以找到共同语言吧？你们可以围绕电影、电视中的情节、人物、表现手法、表演艺术等交换看法。

在交谈的过程中，各自对人生、对社会、对是非的看法都可以展示出来，从而达到互相了解的目的。如果对方对艺术也没有兴趣，你们还可以谈谈时事新闻、逸闻趣事、最近的热门话题，或者谈谈工作中遇到的问题，等等。

如果你们的工作相同或相近，那话题就更多了。可以谈工作中的甘苦成败，谈遇到的那些不好解决的问题，还可以谈衣、食、住、行等大众话题。

以下的建议和方法可以教你在无话可说的时候说什么，避免无话可说的尴尬局面。

1. 不要退缩

无话可说时，不要退缩，也不要灰心。在心里默默地责怪自己或对方于事无补，你应该尝试一些新的东西、新的话题，虽然这在开始的时候很困难。

2. 注意当下

把注意力集中在此时此刻，必须注意你在说什么，你在想什么，你的情绪怎么样，对方又在说什么、想什么，情绪怎么样，你们之间在做什么。即便你们的话题涉及过去、未来或者其他人，你的注意力也要放在眼下的交流。特别要注意情绪，它往往是无话可说的罪魁祸首。

3. 想好再说

花时间和精力想想你想和对方交流些什么。不要不经过大脑开口就说，而又没有主题。当然了，没有刻意准备的交流是日常生活的一部分。但有时候多考虑一下交流的技巧会让你的生活更惬意。特别是当别人不理解你或不重视你的时候，为交流做些准备是必要的。

4. 耐心倾听

交流过程中要给对方一些时间和空间。不要打断对方的话或者接话茬，要知道交谈中每个人都希望和别人交流而不是演讲、独白，或争吵。一定要学会真正倾听。

5. 别和感觉争辩

对有些人来说，感觉就是事实。你的朋友可能和你的感觉不同，和他们的感觉争辩你永远也赢不了。如果他们是感觉型的人，你只有去寻找你们的相同点。

6. 正视误解

你所理解的东西可能并不是对方要表达的，这时你需要向对方重复一遍他的话，说出你的理解，并征求对方的意见。这样可以消除误会，也为深入交流打好基础。

沟通处方

在社交场合，出现冷场是每个人都不愿看到的局面。如果不及时打破这种沉默，必然会影响交际气氛，进而影响交际的效果。若能适时地化解这种尴尬，必将为沟通的深化铺平道路。

◆ 求大同存小异解决分歧

沟通案例

一家化妆品公司的推销员去拜访一位老客户，没想到客户主管一见到推销员就说："你怎么还好意思来推销你们的产品？"

这句话把推销员说愣了。经过询问，推销员才明白，原来，客户主管认为他们刚购进的化妆品并不适合北方人的肤质，而此化妆品正是这位推销员推荐的。

推销员很快镇定下来，微笑着说："其实我和您的观点一样，如果这批化妆品不适合北方人保湿的要求，那你们就会退货，对不对？"

"是的。"

"按照北方的气候，化妆品保湿效果应该在12小时左右，对不对？"

"是的，但是在使用你们的化妆品后，不到10个小时，实验模特的脸就有紧绷的感觉了。"

推销员没有马上为自己辩解，只是问了一个问题："这个房间的温度是多少度？"

"我们的空调室温设定在24摄氏度。"

"房间因为加装了空调又没有开窗，几乎处于全封闭环境中，空调房间的湿度比一般室外的湿度还要低，是这样吗？"

客户主管点点头。

推销员继续说："我们这一款产品，所设定的保湿度是在常温状态下对皮肤所起的保湿作用，不同的温度环境下肯定有一点差别，但并不代表我们的产品没有达到12小时的保湿效果。"

客户主管听后，便恍然道："你说得有道理。"

最后，双方的合作不但没有终止，客户主管还追加了一批货物。

如果推销员一味强调自己的产品多么好，产品没有达到效果，那是你们的环境所致，和产品的质量没有关系。这样说肯定会引起对方的愤懑和争辩。相反地，推销员通过引导，让对方承认产品没达到效果是因为他们的使用环境不合适，这就能顺利地引导对话向良性的方向发展。

在沟通过程中，最基本的一条原则就是求同存异。所谓求同就是追求共同目标，共同喜好。所谓存异就是指在某些问题上，如果双方不能达成一致，应该允许对方拥有不同观点，保留自己的意见，而不是强求对方接受自己的观点。

在生活中，两个性格相投的人很容易成为好朋友，可是即使关系融洽，成为亲密无间的好友也不是一件容易的事。原因何在？这是因为人心是非常复杂的，人与人即使志趣相投，也不可能透彻地了解和理解对方。因为每个人都是独立存在的"这一个"，由于生活环境、知识、人生阅历的不同，观点不可能完全相同。即使同一个人，脾气也会随着外界环境的变化而改变，更不用说是两个人了。有时候，朋友之间难免会发生争执。在谈话的时候，应该尽量不要把谈话的重心放在"异"上，而应该放在"同"上。

与别人交谈，不要先讨论你们观点不同的一面，而是应该不断强化与相同的一面。这样才能接近彼此的距离，达到你的目的。

当你承认别人"是"的时候，对方就处于放松的状态中，这种状态可以让对方冷静地权衡，接受你的意见。

在沟通中，不管是与关系很好的朋友，还是与初次见面的陌生人，都应该坚持求同存异的原则。这是对别人的尊重，也是给自己带来好人缘的重要方法。懂得了这一点，你在人际沟通中就能够如鱼得水，游刃有余，灵活自如地处理各种人际关系。

公司的经营者通常会欣赏和重用任劳任怨、负责尽职的员工；而对满腹牢骚、得过且过的员工，经营者则感到头痛，甚至想把这样的员工辞掉。而曾任本田公司副总经理的西田通弘则反对把后者开除。他认为上上之策是：一方面容忍，一方面要尽力把不满情绪减至最低程度。

他举了这样一个例子来说明他的观点。

森林并非整整齐齐只栽种一种树木。一片茂密完整的森林必定包括二三十米高的挺拔大树、十来米的次高树木、两三米的低矮树木以及杂草等。假如只栽种挺拔的大树，把矮树与杂草全都铲除，挺拔的大树就会逐渐衰弱，最后枯黄死亡。同样的道理，如果把不合己意的异议分子全部开除，就像在森林里铲除矮树与杂草一样，企业就难以长久发展。

人的弱点之一就是希望别人欣赏、尊重自己，而自己又不愿意去欣赏和尊重别人。客观地观察别人和自己，你会惊奇地发现，原来自己还有许多不足，而身边的人都有值得学习、借鉴的地方。我们不能因为别人有一点缺点就去否定别人，而应该因为别人有一点优点去欣赏和尊重别人，肯定别人。

用欣赏人、尊重人的方式与别人沟通有许多好处：其一，成本最低，不用花费金钱请客送礼，不用伪装自己浪费感情；其二，风险最低，不必担心当面奉承背后忍不住发牢骚而露馅，不必担心讲假话，提心吊胆，梦寐不安；其三，收获最大，因为你能真心尊重和欣赏别人，你便会学习别人的优点克服自己的弱点，使自己不断地完善和进步。

人与人之间往往由于经历、立场等方面的差异，对同一个问题会产生不同的看法。同事之间由于工作原因发生分歧时，千万不要过分争论，不能强求他人接受你的观点。面对问题，特别是在发生分歧时要努力寻找共同点，争取求大同存小异。

沟通处方

人与人沟通的过程中，不管双方的分歧有多大、矛盾有多深，总会有一些共同语言、利益以及愿望等等。一个人要会利用这些共同点，创造"是"的局面，心平气和地与人交谈，这才是应该遵循的沟通之道。

第十章 如何躲避"雷区"，有效沟通

正如生活中很多事情都存在一定的禁区一样，沟通也存在一些"雷区"。如果我们想要进行有效沟通，就要熟悉这些潜在的"雷区"，并巧妙地躲避过去。

◆ 得罪一人添堵墙

沟通案例

宋华是一家公司的管理人员。在公司遭遇退货、濒临倒闭，公司高层们急得团团转而又束手无策时，宋华站了出来，提供了一份调查报告，找出了问题的症结。此举解决了公司的难题，还使公司赚了几百万。

因工作出色，深受老总的重视，宋华成为全公司的一颗明星。凭着自己的智慧和胆略，他又为公司的产品打开国内市场立下了汗马功劳。他两年内为公司赚得几千万利润，成为公司举足轻重的风云人物。

踌躇满志的宋华，以为销售部经理一职非自己莫属。然而，他却没有被升职。他不明白公司为什么会这样对待自己。后来，一个同情他的朋友破解了他的迷惑。

有一次，他出去为公司办理业务，需要一批汇款，在紧要关头却迟迟不见公司的汇票，使得业务"泡汤"，令他很难堪。实际上是一个出纳员给他穿了一次小鞋，因为他平时对这个出纳不冷不热，根本没有把她放在眼里。

还有一次，他在外办事，需要公司派人来协助，却不料，人还在路上就被撤回去了，原来是一些资格较老的人觉得他很"狂妄""目中无人"，在工作上从不与他们交流，所以想尽办法拖他的后腿，让他的工作无法开展。

不要轻易得罪人，因为社会是由不同的人组成的。人活在世上，每天都和不同的人打交道，不论是在生活上，还是在其他事业上，都和别人有一种互动的关系。"得罪人"是一种剥夺自己发展空间的不良行为。

得罪一个同行，就为自己堵住了一条去路。或许你会认为，世界之大，得罪一个同行又何妨，不至于堵住自己吧。其实，这种看法是错误的。同行有同行的圈子，有同行的朋友。如果处理得不好，你就会在行业内失去信誉，失去帮助。

轻易得罪一个小人，你就为自己埋下了一颗定时炸弹。如果得罪了一个君子，最多大家就是各走各的路，互不相干了。

人们大都愿意与自己喜欢的人在一起，希望与自己志同道合的人交朋友，喜欢和那些容易相处的人交往。可是生活中，并非所有人都是我们喜欢的人，也并非都与我们志同道合，还有很多人是我们不喜欢的，至少和我们没有什么共同的话题。对于这些人，我们根本不愿意和他们交往，但是，在很多情况下，我们又不得不经常和他们打交道，这时候，很多人都会陷入交际的盲区，不知道该如何去和那些自己不喜欢的人交往。

如果你涉世未深，每当遇到这种情况，往往会表现得过于爱憎分明，不会很好地掩饰自己的情绪，把喜怒哀乐全都写在脸上，甚至对不喜欢的人做出不够友好的举动，或者说出比较过分的话语，从而得罪了对方。

这样一来，你是得到了一时的痛快，但是无形中却为自己设置了一个大大的障碍。可以想象，对方平白无故地遭受你的白眼和奚落，他心里怎能没想法？恐怕早已对你恨得牙痒痒，暗暗对自己说："别让我逮到机会，到时我让你好看。"等到有一天，你真的被他逮到了机会，他怎能轻易罢休。

所以说，即使是自己不喜欢的人，也不要轻易得罪。因为得罪别人对于你来说有百害而无一利，你是在搬起石头砸自己的脚。

那么，在与人相处中，怎样才能做到不轻易得罪一个人呢？

1. 不要直接纠正别人的错误

对于他人明显的谬误，你最好不要直接纠正，否则就像故意要显得你高明，因而伤了别人的自尊心。在生活中一定要记住，凡是非原则之争，要多给对方以取胜的机会，这样可以避免树敌。对于原则性的错误，你也要尽量含蓄地进行示意。

2. 凡事多忍让一点

对暂时斗不过的小人要忍耐。与其和狗争道被咬伤，还不如让狗先走。因为即使你将狗杀死，也不能治好被咬的伤。所以，如果与你打交道的是小人，就应当忍让为上，千万不要冲动。

3. 不要轻易去指责别人

指责是对人自尊心的一种伤害，它只能促使对方为维护他的荣誉，为自己辩解，即使当时不能，他也会记下这一箭之仇，日后寻机报复。

4. 不要欠小人的人情

小人是最斤斤计较的，谁也没他们的算盘打得精。如果在你忙得不可开交的时候，小人主动提出要帮你接洽一个客户，你可不要随便接受这双"援助"之手。要知道，一旦生意谈成了，小人就会以你的救兵和恩人自居。以后，他碰到什么棘手的事找你当替罪羊，你若不答应，那就会被他说成是忘恩负义。

沟通处方

虽然结交一个朋友未必就开通了一条路，但是得罪一个人绝对是增添了一堵墙，尤其是得罪一个小人，更会给你带来许多不可预知的隐患。

◆ 避免与人争高下

沟通案例

伟大的艺术家米开朗琪罗来到佛罗伦萨后，要用一块别人认为已经无法使用的石头雕出手持弹弓的年轻大卫。

工作进行了几天后，索德里尼进入了工作室。索德里尼自以为是行家，在仔细地"品鉴"了这项作品后，站在这座大雕像的正下方说："米开朗琪罗，你的这个作品诚然很了不起，但它还是有一点缺陷，就是鼻子太大了。"

米开朗琪罗知道索德里尼的观视角度不正确。但是，他没有争辩，只是让索德里尼随他爬上支架，在雕像鼻子的部位开始轻轻敲打，让手上的石屑一点一点掉下去。表面上看起来他是在修饰，但事实上他根本没有改动鼻子的任何地方。经过几分钟后，他说："现在怎么样？"

索德里尼回答："现在才是最完美的。"

索德里尼是米开朗琪罗的赞助人。米开朗琪罗冒犯他没有任何意义，但如果改变鼻子的形状，很可能就毁了这件艺术品。对此，他的解决办法是让索德里尼调整自己的视野，让他靠鼻子更近一点，而不是让他意识到自己的错误。

米开朗琪罗找到一个办法，原封不动地保住了雕像的完美，同时，又让索德里尼相信是自己使雕像更趋完美的。通过行动而非争辩，米开朗琪罗既未冒犯别人，而自己的观点也得到了接受。

与人交谈时，有的人会把彼此的沟通看成是一种竞赛。如果观点不一样，在他看来，就是在挑战，一定要分出个高下。如果一个人常在他人的话里寻找漏洞，常为某些细节争论不休，或常纠正他人的错误，借此向人炫耀自己的知识渊博、伶牙俐齿，那么他一定会给人留下深刻的印象，不过那是不好的印象。

为了与他人有更好的沟通，这种竞赛式的谈话方式必须被舍弃。当你采用一种随性、不具侵略性的谈话方式时，别人就比较容易听进去，而不会产生排斥感。

只有沟通，双方或多方才能知情，才能信息对称，进而达到认识一致，目标同一，同心同德。在沟通中取得理解，在理解中形成共识，在共识的基础上实现统一，沟通才能收到事半功倍的效果。

当和别人的立意或观点有冲突时，若是立刻反问，就等于完全不接纳对方；若与对方进一步讨论，实质上还是在挑战对方的建议，但对方的感受却会好很多。

如果沟通时不得不对对方的立场提出质疑，在提出问题之前一定要至少稍微解释一下，你为什么提出这样的问题。这样可使你的问题的尖锐性降到最低。

每个人的生活习惯有所不同，因为我们的家庭环境以及成长过程不尽相同。不要勉强别人来认同自己的习惯，同时，也要有体谅和宽容别人的习惯。

沟通处方

避免与人争高下，巧妙地把事情处理好，你才会赢得更好的人缘，这是与人沟通的技巧。

◆ 交谈时不要随便插话

沟通案例

一个老板正与客户谈生意，谈得差不多的时候，老板的一位朋友来了。

这位朋友不顾人家正在谈重要的事，就随便插话说："哇，我刚才在大街上看了一个大热闹……"接着就说开了。

老板示意他不要说了，而他却仍然说得津津有味。客户见谈生意的话题被打乱了，就对老板说："你先跟你的朋友谈吧。我们改天再来吧。"客户说完就走了。

老板的这位朋友乱插话，搅了老板的一笔大生意，让老板很是恼火。

随便打断别人的谈话，是没有礼貌的表现。在日常生活中，有些人在别人阐述自己的观点时，总喜欢打断别人，谈论自己的看法。这样的人往往会让人厌烦，也常常在不经意间就破坏了自己的人际关系。

在交谈中，有些人总是时不时地打断别人的谈话，经常插话。他们甚至认为这种插话是一种聪明的表现。其实，这样的观点是错误的。

在沟通中，只有让对方把话说完，才能了解对方的真正意图，获得更多的信息。随便插话，就不能专心领会别人说话的意思，还会使对方感到不受尊重。

诚如培根所说："打断别人、乱插话的人，甚至比发言冗长者更令人生厌。"每个人都可能会情不自禁地想表达自己的愿望，但如果不去了解别人的感受，不分场合与时机，就去打断别人说话或抢接别人的话头，会扰乱别人的思路，使别人不能完整流畅地表达自己的想法，因而只会引起别人的反感，有时甚至会产生不必要的误会。

那些不懂礼貌的人，总是在别人津津有味地谈着某件事情的时候，冷不防地半路杀进来，让别人猝不及防。这种人不会预先告诉你，说他要插话了。他插话时会不管你说的是什么，而将话题转移到自己感兴趣的方面去，有时是把你的结论代为说出，以此得意扬扬地炫耀自己的光彩。无论是哪种情况，都会让说话的人顿生厌恶之感。

如果你想加入他们的谈话，则可以找个适合的机会，礼貌地说："对不起，我可以加入你们的谈话吗？"或者，大方客气地打招呼，叫你的朋友互相介绍一下，就不会有生疏的感觉。

交谈过程中，如果你想补充另一方的谈话，或者联想到与谈话有关的情况，想即刻做点说明，可以对讲话者说："我插一句"，或者说"请允许我补充一点"，然后，说出自己的意见。这样的插话不宜过多，以免扰乱对方的思路，但适当加一点，可以活跃谈话的气氛。

如果你不同意对方的看法，一般也不要打断他的谈话。但是，如果你们比较熟悉，或者问题特别重要，也可以先表示一下态度，待对方说完后再做详细阐述。但不管分歧有多大，决不能恶语伤人或出言不逊。即使发生了争吵，也不要斥责、讥讽对方，最后还要友好地握手告别。

沟通处方

在交谈中，有些人总是时不时地打断别人的谈话，经常插话。他们甚至认为这种插话是一种聪明的表现。其实，这样的观点是错误的。

◆ 别把自己太当回事

沟通案例

有个人约了几个朋友来家里吃饭，这些朋友彼此都是熟悉的。主人把他们聚拢来主要是想借着热闹的气氛，让一位目前正陷入低潮的朋友心情好一些。

这位朋友不久前因经营不善，关闭了一家公司。妻子也因为不堪生活的压力，正与他谈离婚的事。内外交迫，他实在痛苦极了。

来吃饭的朋友都知道这位朋友目前的遭遇，都避免去谈与事业有关的事，可是其中一位姓韩的朋友因为目前赚了很多钱，几杯酒下肚，忍不住就开始谈他的赚钱本领和花钱功夫，那种得意的神情，连主人看了都有些不舒服。

那位失意的朋友低头不语，脸色非常难看，一会儿上厕所，一会儿去洗脸。后来，他猛喝了一杯酒，赶早离开了。主人送他出去。在门口，他愤愤地说："老韩会赚钱也不必那么神气地炫耀啊！"

主人了解他的心情，因为多年前他也遇过低潮，正风光的亲戚在他面前炫耀薪水、年终奖金，那种感受，就如同把针一支支插在心上一般，说有多难受就有多难受。

在朋友面前，千万不要炫耀自己得意的事。如果你只顾炫耀自己得意的事，对方就会疏远你。于是，你不知不觉中就失去了一个朋友。

在与朋友沟通时，也许你与朋友过往甚密，无话不谈；也许你的才学、家庭、相貌、前途等令人羡慕，高出朋友一头，这些有利的条件可能会使你不分场合、无所顾忌、锋芒毕露、毫无节制地表现自己，言谈中往往会流露出一种明显的优越感，令人感到你是在居高临下地对人讲话，有意炫耀抬高自己，使别人的自尊心受到伤害。

在与朋友交往时，不要在他们面前炫耀自己，并时刻注意想到对方的存在，照顾对方的心理承受力。

在职场上，自己的专业技术很过硬，得到老板的赏识，但这些不能成为在同事面前炫耀的资本。谈成了一笔业务，老板给了"红包"，你可以心花怒放，也可以喜形于色，但你用不着在办公室里自我炫耀，自我吹嘘。众人在恭喜你的时候，说不定也在嫉恨你。更何况，"山外有山，人外有人""强中更有强中手"，一个好的企业一定是藏龙卧虎之地，有的人深藏不露却身怀绝技，有的人其貌不扬但身手不凡。一味盲目地炫耀，你往往马上会成为别人的笑料。

别把自己太当回事，坦诚而平淡地生活，没有人认为你卑微、怯懦和无能。如果你老是把自己当作珍珠，还时不时地拿出来炫耀，生怕别人不知道，结果只能伤害了自己。

沟通处方

别把自己太当回事，坦诚而平淡地生活，没有人认为你卑微、怯懦和无能。如果你老是把自己当作珍珠，还时不时地拿出来炫耀，生怕别人不知道，结果只能伤害了自己。

◆ 有效沟通源于相互信任

沟通案例

从前，有个商人过河时船沉了。他抓住一根大麻秆大声呼救。有个渔夫闻声赶到。商人急忙喊："我是个大富翁。你若能救我，我给你100两金子。"

被救上岸后,商人却翻脸不认账了,只给了渔夫10两金子。渔夫责怪他不守信用,出尔反尔。商人说:"你一个打鱼的,一生都挣不了几个钱,突然得10两金子还不满足吗?"渔夫只得怏怏而去。

不料,后来那商人又一次在原地翻船了。有人想去救他,那个曾被他骗过的渔夫刚好路过,说起了上次商人说话不算数的事情。于是,没有人愿意去救商人,商人最后被淹死了。

商人两次翻船而遇上同一个渔夫是偶然的,但商人的下场却是意料之中的。因为一个人若不守信,便会失去别人对他的信任。一旦他处于困境,便没有人愿意出手相救。失信于人者一旦遭难,就只能坐以待毙。

在工作中,领导和下属彼此之间建立相互信任的关系,合作才有可能。领导应该给予下属充分的信任,不过分干预下属职责范围内的工作,为下属创造良好的工作环境。下属也要将公司的目标和利益放在第一位,尽量为企业创造价值,重大决策与领导协商,以争取领导的理解和支持。领导只有充分地信任下属,才能换来下属对领导的信任。"用人不疑,疑人不用"就是讲的这个道理。

朋友之间的友谊也贵在信任。一个值得交的朋友,是需要一辈子长久经营的。在这么长的相处时间里,彼此之间的信任是最重要的基础。如果两个人不能相互信任,产生了猜忌和怀疑,友谊就难以长久了。

想要让对方信任你,你当然应该做出能让对方信任的姿态,如此才能达到双方相互信任。

1. 做出承诺就一定要兑现

有个叫季布的人,一向说话算数,信誉非常高。许多人都同他建立起了深厚的友情。当时甚至流传着这样的话:"得黄金百斤,不如得季布一诺。"后来，季布得罪了汉高祖刘邦，被悬赏捉拿。结果，他旧日的朋友不仅不被重金所惑，而且冒着灭九族的危险来保护他，使他免遭祸殃。

由此可见，一个人诚实有信，自然会得道多助。反过来说，如果贪图一时的安逸或小便宜，而失信于别人，表面上是得到了"实惠"，实际上却为了这点实惠毁了自己的声誉，而声誉相比于物质重要得多。所以，失信于别人，是得不偿失的。

2. 靠自己的能力做事

取得别人的信任，还要靠自己的能力。如果具备值得别人肯定的素质，同样会得到别人的喜欢。能力是占第一位的，无论做什么事情，具有很强的能力，总会赢得尊重，取得别人的肯定与信任。

3. 和人交谈时改变姿势

当你和别人交流的时候，不管对方是谁，如果你看到对方身体采取了一种姿势，你可以不动声色地换成和他一样的姿势。当他改变的时候你也跟着改变，这其实很难被人觉察到，但是会建立起一种彼此间的信任感，加强他对你的好感，使沟通更容易，因为人的想法往往随着身体姿势的改变而发生改变。

4. 首次见面时给对方留下好印象

与人初次见面，语速慢一些更容易获得对方好感；对待傲慢的人，态度也应该适当地强硬，才能真正获得对方的尊重；要坦诚地去面对身边的人，当你对别人以诚相待时，别人也会以同样的方式对待你。

沟通处方

人与人之间的交往是建立在信任的基础之上的。相互之间不信任的人们，是不可能进行正常的沟通的，更不可能进行有效的沟通。

◆ 君子之交应淡如水

沟通案例

一天中午，史先生由于工作上的需要，陪一位外宾来到一家五星级大酒店的中餐厅，找了个比较僻静的座位坐下。刚一入座，就有一位女服务员热情地为他们服务。

这位女服务员先是替二人铺好餐巾，摆上碗碟与酒杯，给他们倒满茶水，递上热毛巾，然后站立在一旁等待上菜。

当一大盆"西湖牛肉羹"端上来后，这位女服务员先为他们报了汤名，接着为他们盛汤，盛了一碗又一碗。开始的时候，这位外宾以为这是吃中餐的规矩。在史先生告诉外宾用餐随客人自愿后，女服务员要为外宾盛第四碗汤时，外宾婉言谢绝了。

吃了一会儿，外宾放下餐具，从衣服口袋里拿出一盒香烟，抽出一支拿在手上。那位女服务员赶忙跑到服务台拿了个打火机，走到外宾跟前说："先生，请您抽烟。"说着，便熟练地打着火，送到外宾面前，为他点烟。然后，她又用公筷向史先生和外宾的碗里夹菜。女服务员的过度热情，让这位外宾感觉都透不过气来了。

这位外宾匆匆吃了几口，就结账离开了这家酒店。

这就是热情过度的典型案例。外国人所注重的"关心有度"中的"度"，实际上就是其个人自由。一旦当对方的关心有碍其个人自由，即被视为"过度"之举。所以，尽管服务员满腔热情地为客人提供服务，但客人不仅不领情，反而流露出厌烦或不满的情绪。

人是有差别的。有的人喜欢跟热情的人交流，有的人却不喜欢跟太热情的人打交道，这与人的性格有关。尤其在与对方不是很熟悉的情况下，不要表现得太过热情，太过热情了反而可能让对方觉得有点儿假。

初入社交圈中的人常犯的一个错误就是"好事做到底"，以为自己全心全意为对方做事会关系融洽、密切。然而，事实上并非如此，因为人不能一味地接受别人的付出，否则心理会感到不平衡。"滴水之恩，涌泉相报"，这也是为了使关系平衡的一种做法。

如果好事一次做尽，使人感到无法回报或没有机会回报的时候，愧疚感就会让受惠的一方选择疏远。好事不应一次做尽，这是平衡人际关系的一个重要准则。

如果你想帮助别人，而且想和别人维持长久的关系，那么不妨适当地给别人一个机会，让别人有所回报，这样才不至于因为让对方内心的压力过大而疏远了你们的关系。

沟通处方

与对方不是很熟悉的话，不要表现得太过热情，太过热情了反而可能让对方觉得有点儿假。